김산 따라 아리랑 로드로
— 혁명과 반혁명의 광둥 3년을 찾아서

Retrieving Kim San's Arirang Road in Guangdong

책 머리에

답사기이면서 해설서도 될 이 소품은 님 웨일즈(Nym Wales)의 저 유명한 『아리랑 노래』의 주인공 김산의 '광둥 시절'에 관한 것입니다. 햇수로 4년, 기간으로 만 3년쯤 되었던 그 시절의 기록은 저 책의 전체 25개 장 중 3개 장만 점하나 분량으로는 5분의 1가량 됩니다. 대부분 장에 절 구분이 없거나, 있더라도 2개 정도인데, 이 3개 장만은 8·5·7개의 절을 각각 거느리고 있지요. 이는 광둥에서 김산이 겪은 일이 그만큼 많았고 진폭도 컸음을 말해줌이 아니겠습니까. 그 일들에 관해 그 스스로 남길 말이 많았고 낱낱이 되새겨 술회하며, 비화까지도 반드시 알려지고 후대에 전해지기를 열망했음이 절절히 느껴집니다. 그로서는 너무도 중요한 경험들이었고 그 기억이 뇌리에 깊이 새겨져 있었기에 그랬을 것입니다. 이런 점들을 염두에 두면서 속 깊은 그 스토리의 현장들과 사건사적 배경 및 전체 맥락을 실제와 최대한 가깝게 재구성하면서 순차대로 복원시켜보려는 소박한 시도가 이 책을 낳았습니다.

저자도 『아리랑 노래』를 통해, 그 책의 국역본이 『아리랑』이라는 제명으로 처음 나왔던 1984년에 접하여, 김산이라는 이름을 알게 되었드랬습니다. 그 책의 독자 거의 모두가 그랬다고 하듯이 약관의 소생도 무척 감동했고, 새로 얻는 바도 컸습니다. 김산의 인격과 사고의 어떤 면들이 마음에 깊이 들어와 앉는다고 느껴지기도 하더군요. 자신에게 정직하고 타인에게 진솔함도 그중 하나였고요.

그로부터 10년쯤 뒤, 학위논문과 그것을 상재한 첫 저서에서 의열단의 민족혁명운동을 다루는 가운데 중국 국민혁명운동의 귀추도 살펴보게 되었습니다. 거기서 장지락 즉 김산과 그의 동지들의 활약상 및 그 귀결에 대해 『아리랑』도 원용해가며 하나하나 되살려 논급해 봤습니다. 2000년대 들어서는 방송과 지면에서 그와 그 책에 관해 말하고 쓸 기회가 있기도 했습니다. 2005년에 김산이 '독립유공자'로 인정되어 건국훈장 애국장이 추서됨에 사필귀정처럼 여겨져 무척이나 기뻤고요. 그 후로도 김산 관련 기사와 논저가 나오면 빠짐없이 챙겨보곤 했으나, 그에 관한 책을 쓰게 되리라곤 꿈에도 생각 못 해본 바입니다. 그런데 어쩌다 그 일을 지금 감당케 되었음에, "이게 대체 무슨 연고인고?"라는 생각이 자꾸 들곤 합디다.

그렇더라도 이왕 일에 착수한 마당에 하고 싶거나 해야 할 말은 본문에 다 적어놓았습니다. 해서 머리말을 길게 늘여 쓸 이유가 실은 없습니다. 하지만 미리 밝혀 일러드릴 게 서너 개 있어 보이는군요. 그걸 그냥 묻어버리고 넘어갈 수는 없겠다도 싶어서 약간의 지면을 빌려봅니다.

먼저, '아리랑 로드'라는 말에 대해서입니다. '아리랑 길'이라 함이 바람직하고 더 좋았을 수 있겠지요. 그런데 이 책을 쓰기 위한 광둥행 여정 이전에 앞의 용어가 만들어져 쓰인 바 있더군요. 하므로 그걸 굳이 물리치거나 지우려 들 일은 아니라고 여기어, 그냥 받아들여 쓰기로 했습니다.

대신에 나름의 의미를 붙여봅니다. 여기서 'Road'란 'Revolution over ancient dream'의 단어들 첫 글자를 조합한 것이라고. 이 어구를 '오래된 꿈 너머 목전의 혁명'으로 새겨보면, 이 책의 소재·내용과 잘 맞아떨어지는 바 있습니다. 적어도 조선 중기 이래로 19세기 말까지 특출한 선각의 지사들이 꿈꾸어 때때로 시도되었으나 번번이 실패하고도 말았던 '혁명'의 새 단초를 1927년 중국 광둥에서 김산과 그의 동지들이 다시 열어가려 했기 때문입니다. 결국은 반혁명의 거대 장벽에 부딪히고 만 그 행로의 전후 3년간에 걸친 온갖 전말과 자취를 되돌아 탐사해보는 기획이 졸저의 출간과 직결되었던 것이고요.

원래의 책무와 계획대로라면 순전히 답사기만 써내면 되었습니다. 그게 이 책의 2부에 해당합니다. 그런데 그걸 써가다 보니, 먼저 해결해 설명해놓지 않으면 안 될 사안들이 여기저기 웅크리고 있더군요. 가서 둘러본 광둥의 답사지들과 조금이라도 연관 있는 사건의 내용, 그것들 간의 상호연결성 및 전체적 흐름, 관련 인물 개개의 면면과 전후 행적을 잘 밝혀내고 정돈해 먼저 내놓지 않으면 제대로 된 답사기가 나올 수 없겠음을 절감했습니다. 그래서 집필을 중지하고, 우선은 책과 논문 중심으로 문헌들을 찾아보았습니다. 처음부터 맞춤형으로 받쳐줄 참고문헌은 극소했지만, 그래도 여러 종류의 자료를 살피면서 단편적 정보라도 최대한 수집하고 갈무리했습니다. 내용이 상충하고 부실해 보이는 것들도 일단은 공평하게 대하여 모두 거두어 봤습니다. 그것들을 열심히 읽으면서 비교와 대조로 검토·확인하고 하나하나 분석하며 연결도 지어, 필요한 만큼의 지식창고를 채워갔습니다. 국내외의 인터넷 백과사전과 인명사전, 지도들도 사실 재확인이나 인식의 공백 충전에 상당한 도움이 되었음을 밝힙니다.

그렇게 예정에 없던 가외의 연구 결과를 담아 서술한 것이 「여는 이야기」의 몇몇 절과 1부가 됩니다. 거기에 독자가 처음 접하는 얘기가 적잖이 있을 것이고, 다시금 눈여겨볼 대목도 여러 군데일 것입니다. 잘못 알려진 걸 바로잡고 애매모호의 장막을 걷어내는 부분들도 눈에 들어올 것이고요. 하지만 학술서로보다는 완연히 대중독서물로 꾸며지는 책인지라, 관례상 각주라든지 문헌 주를 일절 달지 않고 가야 했습니다. 그 대신, 집필에 참고한 문헌들과 자료를 다 밝혀 목록을 책의 맨 끝에 넣어놓았으니 참조해주시기 바랍니다. 해당 문헌의 논저자들께는 본의 아닌 불비에 대해 해량을 미리 구하는 바입니다.

이 책에는 김산이 마주쳤던 참담한 패배와 이어지는 실패, 허망한 죽음의 정황이 넘쳐납니다. 책을 써 가면서, 또한 다 쓰고 나서도, 몹시 씁쓸하고 비감도 해지더군요. 그래도 그 추이를 계속 따라가면서 처음부터 끝까지 냉정하게 추적해보고 실상과 경위를 냉엄하게 그려보려 했습니다. 그런 자기 다짐이 얼마나 실효를 냈을지는 역시나 명철한 독자들의 판단과 평가에 맡겨야 할 거 같습니다. 아직도 저자의 어떤 정념이 엄격한 자기 금제를 넘어버려서 독단과 비약을 낳는 때가 있어 보이니 말입니다.

바람직하기는 1부를 읽고 2부로 가는 것이 좋겠지만, 1부의 내용과 서술이 좀 딱딱하다거나 어렵게 느껴질지 모릅니다. 그럴 경우는 2부를 먼저 가볍게 읽고 나서 돌아가 1부를 읽고, 그다음에 2부를 재독하는 것도 한 방법이 되지 않겠는지요.

광저우만 아니라 광둥성의 동쪽 끝까지 횡단 답사하여 문득 이 책을 쓰게 되었음과 최근에 마주쳤던 어느 발견의 경험도 더해져, 인생사의 어떤 일에는 우연의 외관 속에 절묘한 필연이 감추어져 있다는 깨우침 같은 것이 새삼 다가옵니다. 그런 의미에서 민족문제연구소 방학진 기획실장과의 인연이 각별하다 싶고, 조세열 상임이사님의 애정 어린 배려와 손기순·유연영 선생의 세심한 수고에 더불어 사의를 표합니다. 답사 여정에 함께했던 문계준·박호균 님과 새로 맺은 우정이 진득하며, 광저우에서 상봉했던 김유·신광용·장두인 님의 후의가 애틋한 추억으로 남을 것입니다. 병석에서도 『조선혁명군 총사령관 양세봉』을 거뜬히 탈고하여 출간해낸 김유 님의 쾌유와 재활이 어서 이루어지길 기구하며 또한 그러리라 믿습니다.

각산거사 김영범 삼가

목 차

책 머리에 · 3
일러두기 · 11

여는 이야기
  1. 어이해 광둥으로? ·· 12
  2. 김산은 누구인가 ·· 17
  3. 『아리랑』은 어떤 책인가 ·· 20
  4. 「아리랑」은 어떤 노래인가 ····································· 24
  5. 광둥과 광저우 개관 ·· 27
  6. 몇 가지 첨언 ··· 30

1부 김산과 광저우봉기

Ⅰ. 1925년의 광저우, 의열단과 김산이 매혹되다
  1. 점화된 국민혁명운동 ·· 36
  2. 한인 청년들의 중국혁명 참가 열망 ························ 40
  3. 의열단의 광저우행과 김산의 호응 후행 ················· 42

Ⅱ. 1926년의 새 희망과 빛나는 날들
  1. 연초부터의 분주한 움직임 ···································· 48
  2. 중산대학의 김산과 왕성한 활동 ···························· 51
  3. 호치민과의 연대와 교류 ······································· 54
  4. 쾌조의 북벌 전개 ··· 56

Ⅲ. 1927년, 급변침의 정세와 국공분열의 나락
  1. 장제스와 국민당 우파의 배신 ······························· 62
  2. 스탈린·코민테른의 선택과 두 좌파의 대응 ············· 65

3. 홍군의 난창봉기와 광둥행 남하 ………………………… 70
4. 펑파이와 하이루펑 소비에트 ……………………………… 73
5. 두 세력과 세 정파의 긴박한 움직임 ……………………… 78

Ⅳ. 광저우봉기 발발과 실패의 전말

1. 봉기 결행과 임무 분담 ……………………………………… 86
2. 봉기 제1일의 총공격 상황 ………………………………… 88
3. 봉기 2일차의 밀리는 형세 ………………………………… 94
4. 3일 만의 퇴각과 봉기의 결말 …………………………… 96
5. 김원봉의 선택과 행로 ……………………………………… 100
6. 되짚어지는 몇 가지 실책과 한계들 ……………………… 103

2부 100년 후의 옛길과 격정의 흔적들

Ⅰ. '아리랑 로드'로 출발

1. 설렘과 긴장 …………………………………………………… 112
2. 광저우 초입에서 진로를 바꾸다 ………………………… 114

Ⅱ. 김산과 홍군의 길 되짚어 동강지구로

1. 홍4사 성립지를 우선 들르다 ……………………………… 120
2. 지파진의 혁명열사 추모비와 구옥들 …………………… 127
3. 룽먼현 거쳐 백망갱으로 …………………………………… 129
4. 만록호에 혹하고 남구진 거쳐 용와로 …………………… 134
5. 고담진의 밤과 아침 ………………………………………… 140
6. 중동촌의 위엄과 홍2사의 목소리 ………………………… 145

Ⅲ. 하이펑에서의 김산과 홍4사

1. 공평진의 저우펑 생가를 찾아서 ………………………… 152

2. 연화산 선인동에서 ··· 154
3. 하이펑의 홍궁·홍장 구지를 돌아보며 ······················ 157
4. 홍4사 주둔지와 유격근거지를 찾아보다 ··················· 162
5. 하이펑에서의 김산과 동강당교 구지 ························ 164
6. 하이펑의 다른 유적과 인걸들의 면모 ······················· 167

IV. 위기의 현장과 사투의 종적들

1. 하이루펑 공방전과 홍4사의 이동 궤적 ····················· 176
2. 거듭되는 후퇴와 고난의 자취들 ································ 179
3. 사로잡혀 살해된 예용 ·· 184
4. 대남산의 동강특위 구지와 영웅동굴 ························ 185
5. 출로 찾아 산터우에서 홍콩으로 ······························· 192
6. 후일담 몇 가지 ·· 195

V. 광저우봉기 현장의 기억과 역사 유적들

1. 광둥 혁명사의 산모이자 관문인 황포군관학교 유지 ········· 202
2. 동정열사 묘원의 적요함 ·· 207
3. 중산대학 구지와 루쉰기념관의 아취 ························ 211
4. 광저우기의 기념관의 다변과 호기로움 ····················· 219
5. 광저우기의 열사능원이 웅변해주는 것들 ················· 222
6. 황화강 72열사 능원의 자부심과 여유 ····················· 231

맺는 이야기

1. 긴 여정을 끝내고 귀국길 ·· 234
2. 격정과 비애, 혹은 운명과 형식 ································ 235

참고문헌 ··· 241
찾아보기 ··· 245

일러두기

① 도서·신문·잡지 등 모든 간행물 명은 『 』로, 논문·보고문·시·소설·노래·영화 등의 작품 명은 「 」로, 선언문·강령 등의 문서와 단체·대회 명은 〈 〉로 묶음.
② 중국 인명은 처음 나올 때 [중국어 발음(한자, 한국어 발음)] 식으로 적고, 그 다음부터는 중국어 발음으로만 표기함.
③ 중국 지명 중에서 산·강·계곡·폭포 등의 지형물은 처음 나올 때 [한국어 발음(한자)]로 표기하고 그 다음부터는 한국어 발음으로만 표기함.
④ 중국 지명 중에서 행정구 명은 현급까지는 인명과 같은 방식으로 표기하고, 성급시의 구와 향급 이하의 행정구 명(가도·향·진·촌 등)은 모두 한국어 발음으로 표기함.
⑤ 중국의 기관·기구·시설·관직 명은 한자의 우리말 발음으로 적되, 그 안의 지명만은 앞의 표기 원칙을 준용하면서 원발음이나 우리말 발음으로 표기함.
⑥ 작은 따옴표(' ') 붙은 단어에 한자를 병기할 때, 원문이 한자였으면 ( )로 묶은 한자를 작은 따옴표 안에 넣고, 문의 해득을 돕기 위해 저자가 한자를 붙일 때는 작은 따옴표 밖에 병기함.
⑦ 괄호 안의 표기에서 다시 괄호를 쳐야 할 부분은 [ ]로 구별해 묶음.
⑧ 한국인을 지칭할 시 원칙상 '한인' 또는 '한국인'으로 적을 것이나, 인용 서술이거나 전후 맥락에 따라서는 '조선인'으로 표기할 경우도 있음.
⑨ 1927년 12월 11일 광저우에서 발발한 사건을 현대 중국에서 '광저우기의'로 호칭하나, 이 책에서는 기관·시설의 고유 명칭 표기 외에는 일괄하여 '광저우봉기'로 적음.

여는 이야기

1. 어이해 광둥으로?

'지금 여기'의 공간과 그 안의 물상들이 우리의 세계상을 일차적으로 만들어낸다. 하지만 그것들만은 아니다. 지나간 시간의 흔적과 장소들도 '나 여기 있소'라고 달려와 출현하며 같이 참여한다. 그러면서 '기억'이 주조되고 마음에 새겨지는 것이다.

기억에는 순전히 개인적이면서 내밀한 것이 있는가 하면, 상당 정도 집합적인 것, 그래서 공유되는 것도 있다. 그중에는 소중히 여겨져 간직되는 것도 있지만, 소소한 것으로 여겨져 점점 지워져 가는 것도 많다. 아련해지면서 뒤엉켜버리는 것들도 있다. 그런 개인기억과 집합기억이 교호와 조정을 거쳐 각자와 그 소속집단의 정체성의 바탕이 되고 수원지도 된다. 나는 누구인가, 우리는 누구인가, 도대체 어떤 존재인가에 대한 규정과 호명의 중요 준거점이 되는 것이다. 그렇기에 민족(ethnie) 또는 국민(nation) 단위에서도 그 과거사의 기억이 중요하다.

그러면 우리 민족/국민에게 있어서 과거사의 중요 기억으로 되는 것은 무엇인가? 당연히 여러 가지가 있겠고, 저간의 수십 년 사이에도 그 대상과 내용이 종종 바뀌어 왔다. 그런 중에 근래 들어서는 유난히 독립운동이 빈번히 호출되고 있다. 왜 그런지를 구태여 설명하려 들지는 말자. 굳이 그럴 필요가 여기서는 없다. 현상과 추세가 그러함을 짚어내는 것으로 족하다.

하여간 그렇다 보니 독립운동의 인물과 유적(지)에 대한 관심도 갈수록 커지는 중이다. 어찌 보면 폭발적이라고 할 만하다. 국내외 막론의 기획답사 붐이 일고 '열전'·'평전'이라는 제목의 인물전기 출간이 활성화되고 있음도 그 증표다. "한물간 이야기에 뭘 그리 소란 떠느냐?"는 이죽거림과 비아냥이 없지도 않겠지만, 그래도 반갑고 경이롭다. 이 느낌을 나만 갖는 것은 아닐 거라 믿어진다.

실제로 우리 민족독립운동의 형상과 자취가 많게든 적게든 세계 곳곳에 남아있다. 국내만 아니라 중국·러시아·일본과 멀리 서유럽 및 중미지역까지 분포 범위가 넓다. 그런 장소와 유적·유물·유영을 일부러 찾아다니고, 기어이 찾아내 알려주는 이들도 많아졌다. 여행작가, 사진작가, 답사전문가 등의 이름으로이다. 그들은 맛깔나는 글과 눈부신 이미지의 향연을 보여주는 글쟁이와 블로거 역할도 겸한다.

요즘은 지자체나 공공기관이 답사기행을 기획하여 사람들을 모으고 실행하는 일이 많아졌다. 민간단체가 그 이상의 몫을 해내는 경우도 꽤 된다. 그중에서도 괄목할 만한 기획과 실적을 계속해서 내보이며 선도적 역할을 해주는 단체의 하나로 (사)민족문제연구소를 꼽을 수 있다. 그 소원들의 기획력과 열성, 후원회원들의 단심이 꽂히고 합쳐진 결과라 믿어진다.

설립된 지 어언 35년에 이르는 민족문제연구소는 국내 각지만 아니라 해외 여러 곳에도 몇 개의 지부를 두고 있다. 그중 가장 활발하고 뚝심 있게 활동하는 곳이 중국 광둥지부인 것으로 알려져 있다. 2019년 5월에 발족하였는데, 25년간 둥관(東莞, 동완)에서 사업하다 은퇴

한 김유씨가 첫 지부장을 맡아 덕망과 지혜로 이끌었고, 그가 신병을 앓게 되고부터는 청계피복노조 위원장을 지낸 바 있는 신광용씨가 이어받았다. 사무국장은 회사 주재원이다 개인사업으로 돌아선 '열정남' 박호균씨가 맡아보고 있다. 이제 30명 가까이 되는 지부 회원들은 마음과 뜻을 모아 열성 어린 참여를 보여왔디. 그때그때 시의성 있는 초청과 방문, 단체답사 지원, 강연 개최, 전시와 홍보, 이슈 대응의 각종 성명 참여 등에서 그러했다.

자, 여기까지는 변죽 울리는 바람잡이 얘기로 들릴지 모르겠다. 이쯤서 나와야 할 건 내가 왜 광둥엘 갔고 왜 광둥에 관한 얘기를 이러니저러니 이 책에서 풀어놓으려 하는지가 아닐 터인가.

돌이켜보면 그건 참 우연한 계기로였다. 코로나-19 사태로 오래들 묶였던 발이 거의 완전히 풀리고 있던 2023년 10월 하순의 어느 날, 그해 발족한 시민단체 〈김원봉과 함께〉의 임원회의에 참석했을 때였다. 서울 청파동의 민족문제연구소 건물 5층에서 회의가 끝나 층계참을 내려올 때, 연구소의 방학진 기획실장과 우연히도 걸음을 같이했다. 그때 방실장이 말을 꺼냈다. 12월에 광둥의 독립운동 유적지를 답사하려고 연구소에서 계획하고 있는데 같이 갈 의향은 없으시냐고. 일반적인 단체여행이 아니고 장차의 본격적인 답사 기행을 준비하는 사전 탐사 격이라서 단 4인만 동행할 것이라고. 김산의 『아리랑 노래』에 담겨있는 그의 광둥시절 행로를 하나씩 따라가며 복기해 보는 방식이 될 거라고. 비용은 따로 목적성 모금을 해놓은 게 있으니 걱정 안 해도 된다고. 거기 슬쩍 붙이는 말이, "다녀와서 책을 한 권 써주기는 하셔야 됩니다."였다.

불쑥 나온 제의였지만, 들으니 솔깃해지는 얘기였다. 그래도 짐짓 사

양해보기는 했다. 나는 적임자가 아닐 거고, 진짜 적임자가 어딘가 있을 테니 찾아보라고. 그러자 방실장이 하는 말, 교수님이 의열단 전공자 아니셨냐고, 의열단원이 많이들 광저우에 갔었지 않느냐고, 김산이 광저우로 갔던 것도 의열단원으로서 그런 거 아니었냐고.

아아, 의열단! 게다가 김산이라니! 방실장이 제대로 치고 들어온다 싶었다. 가슴 저 밑바닥에서 무언가 뭉클 솟구치는 느낌도 왔다. 누군들 그러지 않았으랴만 『아리랑』과 김산에 무척도 꽂혔던 30~40대 시절의 추억, 그 책에 관해 써냈던 두어 편의 글, 김산을 주제로 하는 중앙방송 히스토리채널의 프로그램에 이제는 고인이신 정운영 선생을 모시고 한홍구 교수와 함께 출연했던 일 등이 한꺼번에 되살려져 생각이 났다. 그래서일까, "이젠 매듭을 한 번 지어줘야지~"라고 재촉하는 목소리도 어디선가 들려오는 듯했다. 그래서 더는 줄다리기 할 거 없이 바로 수락했다. 그래, 되든 안 되든 같이 가보자, 일단 가보는 것이다! 일순의 합의와 결정이 그렇게 이루어졌다. 순전히 의기투합 식으로였다.

알고 보니 방실장의 그 제의에는 나름의 배경과 연유가 있는 것이었다. 전세계적으로 코로나 유행이 시작되기 직전인 2020년 1월에 민족문제연구소에서 후원회원 중심으로 모집한 33명이 4박 5일 일정의 '아리랑 답사'를 광둥으로 다녀왔는데, 그 기획도 그가 했다는 것이다. 그때 참가자들의 반응이 너무 좋았고, 감흥도 무척 컸다고 한다. 그래서 그 기행이 매년 계속되도록 하는 것이 좋겠다는 합의가 그 직후 연구소 안에서 있었다는 것이다. 하지만 코로나 때문에 지난 3년 동안 실행을 못 한 것이었다.

그렇다. 김산이 광둥에서 짧은 기간 재류한 시절이 있었다. 1925년 가을부터 1928년 여름까지, 만 3년이 약간 못 되는 기간이었다. 그때 그에게는 생애 중의 가장 강렬한 경험이 주어졌다. 그 현장에서 열망과 좌절, 비상과 추락의 급전직하 상황과 마주쳐 삶과 죽음의 경계도 넘나들었다. 거기서 그는 폭풍의 시간을 맞았고 비참한 패배를 겪었다. 죽을 고비도 몇 번 넘겼다. 그 기억을 그는 10년 후까지도 털어내지 못한 채 반추하고 또 반추했다.

그때 광둥에서 김산은 혼자가 아니었다. 많은 동지가 그와 함께했다. 노상 같이 움직여 다녔다. 자주 토론하며 열심히 조직하고, 무기를 든 싸움에도 나섰다. 패배 후 살아남은 자들끼리의 도망도 같이 다녔다. 그 동지들 대부분은 김산처럼 공산주의자였고, 의열단원도 다수였다. 김원봉도 어느 지점까지는 함께 했다. 그와 휘하 단원들도 분투했고, 엄청난 실패와 손실을 겪었다.

4반세기 동안 의열단, 조선혁명간부학교, 조선민족혁명당, 조선의용대, 중경 임시정부와 광복군으로 계속 확장되어 간 김원봉의 항일 장정 경로에서 광저우는 지린, 상하이, 베이징, 톈진, 난징, 우한, 구이린, 충칭과 더불어 중요 경유지였다. 하지만 그 여러 곳 중에서도 유독 광저우만은 그의 현지 족적이 단편적으로만 전해지고 명확히 밝혀지질 않았다. 그런 만큼 제대로 조명되어 본 적도 없다. 그래서 나는 김산만 아니라 김원봉과 의열단의 행적을 같이 추적해보는 의미도 담아서 이번의 답사여행을 해보기로 마음 먹었다.

광둥은 현재의 '신중국' 건설 즉 중화인민공화국 건립의 기점이 되었던 신해혁명의 주역 중국국민당이 쑨원(孫文)을 중심으로 국민혁명운동을 벌여간 본거지였다. 20세기 초엽부터 한국인들도 독립운동을 위해서나 상업활동의 한 경로 삼아 광둥을 빈번히 내왕했고 약간의 정주자도 생겨났다. 그중의 1910년대 신규식(申圭植)의 활동, 1920년대의 황포군관학교와 중산대학을 매개로 하여 이루어진 한인 혁명가 집결과 광저우봉기 참가, 그리고 거기서의 무참한 패퇴 등이 가장 특기할 만하다. 그 후 1930년대에도 진광화(陳光華)·이화림(李華林)·이정호(李貞浩)를 위시하여 적잖은 수의 한인 남녀 청년들이 광저우에서 학업을 이수하면서 독립운동을 벌여갔고, 그 자취가 지금도 드문드문 사적으로 남아있다.

그런 여러 의미에서 광둥은 분명 매력적인 답사 기행 코스가 된다. 그런데 광저우만 아니라 광둥성 일대를 멀리 동쪽 끝까지 두 발로 다 섭렵했던 이는 김산과 오성륜(吳成崙) 등뿐으로, 몇 명 되지 않는다. 광둥의 혁명 열기에 관해서나 광저우봉기 전후 한인 운동자들의 동향에 관한 정보를 오늘의 우리에게 풍부하고도 상세히 전해주는 우리말 문헌은 김산의 『아리랑 노래』가 전무후무로 유일하다. 그래서 그 책을 절대적인 모본(母本)으로 삼고서, 앞으로도 상당 기간 유효할 '아리랑 로드'를 이번에 개발해 선보이기로 한 것이다.

2. 김산은 누구인가

김산은 누구인가? 『아리랑 노래』는 그에게 있어서 어떤 의미의 작품이었을까? 어찌하여 하필이면 '아리랑'이 그의 숱한 투쟁 행보와 그 발자취를 낱낱이 장중하게 자술한 회고담의 책 제목이 되었는가?

이 책의 영문판 원제 *Song of Ariran*이 먼저 나온 일본어 번역본과 그 후의 국역본 및 일부 글에서 『아리랑의 노래』로 옮겨졌다. 하지만 원제의 정확한 뜻은 '아리랑이라는 노래'가 맞고, 당연히 '아리랑 노래'로 축약해도 된다. 하지만 그것도 한국인이 아니다 보니 이 노래에 생소한 타국 독자들의 이해를 돕기 위한 표현일 뿐이다. 우리는 '아리랑'이라고만 해도 바로 '아리랑 노래'인 줄 알아듣는다. 안 그래도 1984년에 나온 국내 첫 완역본의 제목이 『아리랑』으로 붙여졌는데, 참으로 적절했다. 이 책에서도 이제부터는 일관되게 『아리랑』으로 표기토록 하겠다.

『아리랑』의 주인공 김산의 본명은 장지락(張志樂)이다. '김산'은 장지락 자신의 제안과 요청으로 '금강산'에서 따와 만들어낸 가명이었다. 님 웨일즈(Nym Wales)가 1961년에 낸 *Notes on Korea and the Life of Kim San*(국역본은 『아리랑 2』)에 그렇게 써놓았다. 그런데 1981년에는 그녀가 김산의 아들 고영광(高永光)에게 보낸 첫 편지에 두 번 적기를, '김산'이란 『아리랑』을 쓰기 위해 자기가 달아준 별명이라고 했다. 그렇다면 장지락의 '제안과 요청'이란 자기의 회고담을 혹시 출판하여 공개하게 된다면 부디 가명으로 해주었으면 한다는 것이고, 그걸 받아들여 실제 작명한 이는 님 웨일즈였던 모양이다. 아무튼 '김산'이란 이름은 『아리랑』에서만 쓰인 가명이지 실제의 삶에서 사용된 바는 없다.

장지락이 만들어 쓴 이명 또는 가명은 많았다. 때에 따라 필요에 따라 바뀌어, 10개 이상 되었다. 공산당원으로서와 옌안에서는 '장명'(張明)을, 광저우에서는 '한산'(寒山)을, 하이루펑(海陸豊, 해륙풍)에서는 '장북성'(張北星)을 이명으로 썼고, 붙잡혀 일제 경찰의 취조를 받았을 때는 '장지학'(張志鶴)으로 위장했다. 1930년대의 지하조직 활동 중에는 유자재(柳子才)·유청화(劉淸華)·한국유(韓國劉)·이철암(李鐵庵)·유한평(劉漢平) 등의 가명을 번갈아 썼다. 멋을 부려서나 변덕스러운 성격이어서 그런 게 아니었다. 일제 관헌과 중국국민당 정보기관의 추적을 피하려고 신원 은폐의 방편으로 그때그때 바꿔쓴 것이다. 필명으로는 염광(炎光)·한산·황야(荒野) 등을 바꿔가며 썼다.

1905년 평안북도 용천군 북중면(北中面) 하장동(下長洞)의 인동장씨 집성촌에서 자작농 가정의 3남으로 태어난 그는 1918년경 평양으로 나가서 기독교계 중학교에 입학해 다녔고 1919년 3.1운동의 만세시위에 참가했다. 그로 인해 퇴학당하자 모스크바 유학의 꿈을 품고 북만주 하얼빈까지 갔다. 하지만 시베리아 내전으로 철도교통이 끊겨버려 러시아행을 포기해야 했다. 거기서 700리 길을 걸어 펑톈성 퉁화현 합니하로 가서 1920년 3월에 신흥무관학교에 입학하고 최연소 생도로 3개월간 수학하였다. 졸업 후 지린성 류허현 삼원보로 가서 소학교 교사를 지내다 그해 겨울 상하이로 갔고, 『독립신문』의 식자공 겸 교정원으로 일하였다. 그러면서 인성학교 야간부를 다녔고, 영어와 에스페란토어도 배우고 익혔다. 그때 흥사단에 가입했고, 1921년 1월에 북간도에서 넘어온 오성륜을 만나게 되어 평생의 우의를 맺고 의열단에도 같이 가입했다.

1921년 겨울 김산은 베이징으로 가서 미국계 협화의학원(協和醫學院)에 입학해 다니면서 한인 유학생그룹과 접촉, 교유했다. 그러던 중에 공산주의 사상을 문헌으로 접하고 매료되어갔다. 1923년 봄에 베이징으로 건너와 얼마 후 의열단 선전부장이 된 '붉은 승려' 김성숙(金星淑; 님 웨일즈가 『아리랑』에서 지어놓은 가명은 'Kim Chung-chiang'이고 일역본과 국역본에서 '金忠昌'/'김충창', 중국어역본에서는 金正昌으로 표기됨)을 만나 친해지면서 그의 영향으로 무정부주의를 버리고 공산주의운동에 뛰어들었다. 1924년 장건상(張建相)·김성숙·양명(梁明) 등과 함께 창일당(創一黨)을 조직하고 이르쿠츠크파 고려공산당의 베이징지부로 발전시켜 갔다. 그때 그들은 장차 '통일 조선공산당'을 결성해야 한다는 문제의식과 목표를 갖고 있었다. 1925년 김성숙 등과 함께 베이징에서 잡지 『혁명』을 창간해 편집을 맡았다. '당면의 조선혁명은 민족혁명이어야 한다'는 신조 아래 『혁명』 발간 일을 해가던 중에 공산청년동맹에 가입했고, 중국공산당 지도자 리다자오(李大釗, 이대조), 공산청년동맹 창립자 스춘퉁(施存統, 시존통)·취추바이(瞿秋白, 구추백) 등을 알게 되어 교류했다. 그러다 1925년 가을 김성숙 등과 함께 베이징을 떠나 광저우로 간 것이다.

김산은 「아리랑」 노래를 무척이나 좋아했다. 즐겁고 흥겨운 노래여서가 아니고 너무 슬픈 노래여서 그랬다. 님 웨일즈 앞에서 자신의 지난 생애를 구술해가던 그가 문득 이 노래를 불렀다. 매우 처연한 음조로였음이 『아리랑』에 기술되어 있다. 그의 회고 구술을 다 담아놓은 일곱 권의 노트를 3년 후 그녀가 정리하고 편집해 책을 내면서 오죽하면 제목을 『아리랑』으로 붙였겠는가?

3. 『아리랑』은 어떤 책인가

문제의 책 『아리랑』은 1941년 미국 뉴욕에서 영어본으로 맨 처음 출간되었다(*Song of Ariran: The Life Story of a Korean Rebel* [『아리랑 노래: 어느 조선인 반항아의 일대기』]). 김산과 님 웨일즈를 공동 저자로 표기했다. 그런데 어떤 연유로인지 도서관 소장본마저 모두 사라져버렸다. '체계적으로 수거'된 것처럼도 보였다. 아무튼 그 초간본이 나오고 30년 후인 1972년에 조지 토튼(George O. Totten)

교수—1945년 군문에 있을 때 이 책을 발견해 읽고는 너무도 큰 감동에 동양사 연구로 발을 내딛고 평생 종사한 학자다—의 서문과 주석이 붙여진 증보판이 제목은 그대로이되 부제를 달리해 샌프란시스코에서 출간되었다(*Song of Ariran: A Korean Communist in the Chinese Revolution* [『아리랑 노래: 중국혁명 속의 어느 한국인 공산주의자』]).

그 사이 1961년에 님 웨일즈가 『한국과 김산의 생애에 관한 노트』(*Notes on Korea and the Life of Kim San*)를 거주지인 미국 코네티컷주 메디슨에서 타자본 프린트물로 냈다. 1941년의 저작에 다 밝혀 적지 못했던 여러 사실을 자신의 본명(Helen Foster Snow, 헬렌 포스터 스노)과 더불어 거기에 새로 공개하였다. 2024년에는 조지 토튼과 황동연 교수의 『아리랑』 공동편집본이 저명한 동아시아학자 아리프 덜릭(Arif Dirlick)의 서문을 붙이고 부제를 다시 달리하면서 로스앤젤레스에서 출간되었다(*Song of Arirang: The Story of a Korean Revolutionary in China* [『아리랑 노래: 중국 땅의 어느 한국인 혁명가 이야기』]). 이들 세 판본의 부제에서 김산은 '반항아', '공산주의자', '혁명가'로 각각 달리 표상되었다. 그때그때의 시대정신에 따라 호칭도 달라져 간 것이다.

아시아권에서 『아리랑』의 완역본이 가장 먼저 나온 것은 일본에서였다. 1953년 안도 지로(安藤次郎)의 번역으로 아사히쇼텐(朝日書店)에서였고, 1965년 출판사를 바꾸어 미스즈쇼보(ミスズ書房)에서 재간되었다. 그리고 마스다이라 이오코(松平いお子)의 더 다듬어진 번역본이 1987년 이와나미쇼텐(岩波書店)에서 나왔다.

중국어로는 1977년 홍콩 난웨출판사(南粵出版社)에서 『在中國革命

隊伍裏(중국혁명 대오 속에서)』라는 제목의 부분 번역본이 나왔다. 완역본은 1993년 베이징의 신화출판사(新華出版社)에서 나왔는데, 그 대본은 1972년의 개정 영문판이었다. 선양(瀋陽, 심양)의 료녕민족출판사에서는 1987년에 일본 미스즈쇼보 판의 1978년간 14쇄 본을 중역하여 『백의동포의 영상(影像)』이라는 제목의 조선문 완역본을 냈다.

한국에서는 해방 후 서울신문사에서 내던 잡지 『신천지』에 1946년 10월호부터 1948년 1월호까지 「아리랑―조선인 반항자의 일대기」라는 제목으로 번역 연재되다가, 어떤 사정인지 모르나 중단되고 말았다. 번역자는 신재돈(辛在敦)인데, 그는 1940년에 서울 경복중학교 5학년생이었고, 1961년 강원도 영월군 상동지서의 형사로도 같은 이름이 나오는 것 말고는 신원과 종적이 파악되지 않는다. 연재 첫 회분에 붙인 말에서 신재돈은 1942년 대학 재학 중에 상하이에서 이 책을 처음 보고 감격했다고 한다.

국문 완역본은 아주 늦게, 1984년에 와서야 『아리랑』이라는 제목으로 동녘출판사에서 처음 나왔다. 1941년의 초판본을 옮긴 것인데, 출간되자마자 대학가와 독서계를 강타하며 선풍을 불러일으켰고, 벅찬 감동과 흥분을 안기면서 지식대중의 머리와 마음에 깊이 파고들었다. 하지만 곧 군사정권에 의해 판금 도서가 되고 말았다. 이런 사정을 넘어서려는 묘안으로였는지, 해외 모처에서―워싱턴의 북미주한인인권연합이었던 것 같다― 1985년에 동녘 본을 그대로 옮겨서 옵셋 인쇄하고 『아리랑의 노래』라는 제목으로 내놓았다. '갈릴리문고'라는 유령 출판사 이름을 내건 해적판이었는데, 정치적 저항의 한 방편으로도 활용된 셈이었다. 이듬해 1986년에도 서울의 언어문화사라는 데서 『아리랑』 번역본을 냈다. 역자('이태규')를 명기했지만 누군지 알 수 없는 이였고, 어쩌면 가명이었을 수 있다. 번역은 새로 한 것인지, 동녘본을 가져다 놓고 윤문 식으로 적당히 갈이를 한 것인지, 읽어봐도 알 수 없게 모호했다.

그 후 동녘출판사는 초판이 26쇄나 나간 뒤인 1992년에 님 웨일즈의 한국어판 서문을 받아내 실으면서 표지 디자인을 바꾼 개정 1판을 냈다. 이어서 1993년에 낸 개정 2판에는 리영희 선생의 추천사를 더하고 1972년 판 영문본의 조지 토튼의 해설도 번역해 붙였다. 그것이 10여 년간 24쇄나 이어지더니, 2005년에 판형과 장정(裝幀)을 완전히 바꾼 개정 3판을 내어 2023년 말 현재로 31쇄에 이르렀다. 30년 이상 베스트셀러와 스테디셀러의 몫을 다해준 이 책 한 권으로 출판사 전체가 거뜬히 지탱되었다고 봐도 틀린 관측이 아니겠다. 동녘 판의 번역자는 내내 '조우화'로 박혀 나왔는데 역시나 가명이었고, 2005년의 개정 3판에서 비로소 본명('송영인')을 밝혔다.

이 책에서 김산의 회고를 복기하고 그 행적을 좇아가 확인할 때는 1984년의 동녘 초판본에 주로 기대고 2005년 판도 참고할 것이다. 김산이 의도적으로든 무심결에든 1937년 당시의 회고 속에 집어넣지 않았기에 『아리랑』의 서술만 갖고는 알아내기가 어려운 내용들을 저자의 이번 졸저에서 메꾸고 또 고쳐놓아도 보려 한다. 그것은 『아리랑』 자체를 잘 이해하고 숨은 뜻을 잡아내기 위해서도 중요하다 하지 않을 수 없을 관련 정황과 맥락 구성적 사실들, 그리고 『아리랑』에서 서술의 흐름이 끊겨버렸거나 모호해져서 공백이 되어버린 부분들, 인명이나 지명에서 명백히 착오가 있어 보이는 곳 등이다. 물론 관련 자료와 논저를 널리 참고해서이다. 정확한 정보를 최대한 많이 독자에게 제공하고픈 '서비스 마인드'의 충정으로 이해되었으면 한다.

4.「아리랑」은 어떤 노래인가

「아리랑」은 우리 민족의 공통 심성을 가장 잘 나타내주는 대표적 민요이고, 역사가 오랜 불멸의 노래이다. 이러면 다른 설명이 굳이 필요해 보이지 않지만, 그래도 몇 가지 석명되어야 할 부분이 있다. 이 노래의 유래와 그 말뜻과 얽힌 곡절 등이다.

이에 관해서는 민족과 민족문화의 사실 탐구와 이론적 연구에도 오랫동안 심혈을 기울여 온 대학자 신용하 선생이 근래 내놓은 새로운 해석이 주목된다. 그의 설명에 따르면, 「아리랑」은 삼국시대부터 불린 노래였고 그 말은 두 가지 뜻을 갖는다. 하나는 '고운 님'이고, 다른 하나는 '(사무치게) 그리운 님'이다. 둘 다 어원학적 풀이에서 출발하는데, '아리따운'이 '아리+다운'인 것, 누구를 사모하지만 거절되거나 다가설 수 없을 때의 애처로운 심사를 '아리다'고 표현하는 것, 그리고 통일신라시대 이후로 한자 郞과 娘—둘 다 발음이 '랑'임—이 각각 젊은 남성과 여성 '님'의 뜻으로 쓰였음에 근거한다. 그러니까 '아리랑'이라는 단어에는 그 두 개의 뜻이 같이 함축되어 있다. 「아리랑」 노래의 후렴구 속 '아라리'는 상사병의 순수 한국어이고, '스리랑'은 '(가슴이) 쓰리다'에서 유래하며 '아리랑'의 둘째 뜻과 동의어이다. 그러므로 "아리랑 아리랑 아라리요"는 "곱고 그리운 님, 곱고 그리운 님, 사무치게 그리워라"의 뜻이 된다. 또한 "아리아리랑 스리스리랑 아라리가 났네~"는 "곱고 고운 님, 그립고 그리운 님, 상사병이 났네~"라는 뜻이다. 참으로 독창적인 새 해석이면서 설득력 높은 탁견이라 생각된다.

삼국시대 이후로 전승되어 오는 동안에 「아리랑」은 전국 방방곡곡에서 자유롭게 가사와 곡이 창작되어 붙여졌다. 민족가요이면서 민중가요가 된 것이다. 그 가락도 사랑과 이별의 정조만 아니라, 희로애락의 모든 감정을 표현하게끔 변주되기도 하였다. 그러면서 비단 연정의 상대인 이성만 아니라 '곱고도 사무치게 그리운 것'은 모두 '아리랑'으로 상징되어 표현하게 된다. 일제에 빼앗겨 잃어버린 나라, 절절히 염원하는 민족의 자유와 해방과 독립도 '아리랑'이 되기에 이른 것이다. 1920년대와 30년대에 만주와 연해주 일대의 한민족 이주민들 사이에서 「독립군 아리랑」이, 1940년대에는 재중국 독립운동 진영에서 「광복군 아리랑」이 널리 불린 것도 그래서이다.

「아리랑」 노래 중의 "아리랑 고개로 넘어간다" 부분은 많은 사람이 상상하거나 구전되는 것처럼 실재하는 고개를 염두에 둔 것이 아니었다고 한다. 신용하 선생의 해석으로는, "아리랑'이 (나를 버리고/남겨두고 혼자서만 다른 지방, 다른 세계로의 길목인) 고개를 넘어가 버린다."는 뜻의 후렴구에서 주격조사 '이'가 탈락하면서 생겨난 와전이고 오해였다. 그러므로 '아리랑 고개'는 특정 지점의 고유명사가 아닌 것이다. 설령 그것이 지명으로 상정된다고 할지라도, 어딘가에 실재하는 것이 아니라 마음속에 떠올려지는 사랑과 이별의 경계점으로서 추상적 관념일 뿐이다. 하지만 그런 만큼 모든 이의 마음에서 언제라도 쉽게 그려보아지고 살아 움직인다. 춘사(春史) 나운규(羅雲奎)가 만들고 주연하여 1926년에 개봉된 영화 「아리랑」이 폭발적인 반향을 조선 민중에게서 얻은 것도 그 때문이었다. 이를 불온하다고 여긴 일제 당국은 이 영화의 상영을 여러 방법으로 방해했고, 1929년에는 「아리랑」 노래의 가창 금지령을 내렸는데 위반했다고 체포하여 형사범으로 처벌한 일까지 있었다.

김산은 '아리랑 고개'가 실재했다고 믿었다. 『아리랑』(국·영문본)의 속표지 바로 다음 면에 5절로 실린 가사가 그와 같다. 그가 1937년 6월

27일 님 웨일즈에게 해준 말도 "서울 근처에 아리랑 고개가 있고, 고갯마루에 수백 년 된 소나무가 있는데 사형대로 사용되어왔다. 대부분은 봉기한 빈농이거나 청년 반역자인 수만 명의 죄수가 이 노송의 옹이 진 가지에 목이 매달려 죽었고 시체는 옆의 벼랑으로 던져졌다. 그 사형수 중의 한 명이 옥중에서 만들어 고개를 올라가며 부른 노래가 「아리랑」이었다. 그래서 「아리랑」은 비극의 상징이고 죽음의 노래이며, 아름답지만 슬픈 노래였다. 하지만 죽음이 모두 패배인 것은 아니니, 수많은 죽음 가운데서 승리가 태어날 수도 있기 때문이다."라는 요지의 것이었다. 더 압축하여, "조선에 민요가 하나 있다. 그것은 고통받는 민중들의 뜨거운 가슴에서 우러나온 아름다운 옛노래다. 심금을 울려주는 아름다운 선율에는 슬픔이 담겨있듯, 이것은 슬픈 노래다. 조선이 그렇게 오랫동안 비극적이었듯이 이 노래도 비극적이기 때문이다."라고도 말했다.

가사가 본래의 「아리랑」과 좀 다르면서 오래된 노래인 「아리랑 연가」와 1921년에 만들어졌다는 「아리랑 옥중가」도 김산이 님 웨일즈 앞에서 불러보였다. 그리고선 그가 말했다. "전투에서 패한 뒤 우리는 먹을 것을 찾아 헤매야 했지요. 가까스로 피운 모닥불 옆에서 우리는 아리랑을 부르며 울었소. '패배의 노래', 날 잡아가는 일본 경찰에게 그렇게 얘기했었소. 이런 날 나오는 노래는 아리랑밖에 없다. 절망의 심연에 빠져들던 중 발가락 끝에 닿는 바닥 같은 노래. '인간으로서 견디기 어려운 육체적 고통과 심리 상태에 대한 압력을 최악의 방법으로 실험 받았을 때' 불렀던 희망의 숨구멍 같은 노래 아리랑." 또한 그는 자신의 죽음이 곧 닥쳐올 것임을 예견이라도 하듯이, "우리는 마지막 아리랑 고개를 넘어가고 있다"고 덧붙여 말했다.

헬렌 포스터 스노는 김산과의 만남이 있기 1년 전인 1936년 여름에

식민지 조선 땅을 여행하면서 금강산도 다녀갔다. 그런 그녀가 『아리랑』을 펴냈을 때 쓴 필명 '님 웨일즈'는 남편 에드거 스노(Edger Snow)가 지어준 것이라 했다. 성은 그녀 가계의 본향인 영국의 웨일즈를 원용했고, 이름 '님'은 셰익스피어의 작품에서 빌려온 것이라고 부연도 했다. 그런데 셰익스피어의 희곡 「윈저의 즐거운 아낙네들」과 「헨리 5세」에 조연격으로 나오는 '님(Nym)'은 남성이고 군인이며 범죄자였다. 하필이면 그런 인물의 이름을 스노가 아내의 필명으로 빌려 왔다는 것은 믿기 어려운 말이다.

그러므로 달리 생각해보면, 그 '님'은 한국인들의 영원한 애모의 대상이고 「아리랑」에서 그리도 애절하게 호명되는 대상인 '(나를 버리고 가시는) 님'에서 헬렌 자신이 따왔을 것이라는 느낌이 강하게 든다. 리영희 선생이 『아리랑』 개정판의 추천사에서 "나는 헬렌이 김산을 인간적으로 깊이 사랑한 것으로 생각한다."고 단언한 것도 그런 느낌을 받아서이진 않았을까? 역사에 밀착해 오로지 싸우면서 살아왔기 때문에 행복했던 기억은 하나도 없이 뼈를 깎는 아픔 속에서 패배의 연속일 뿐인 인생을 보낸 사나이를, 1937년 그때도 이제 나는 죽음의 길이 될지도 모르지만 어떻든 만주로 가야만 한다고 노상 되뇌는 남자를, '동양의 여제(女帝)'가 되겠노라고 용약 중국행에 나섰던 푸른 눈의 그녀가 필시 마음으로 사랑하게 되었음을 간파해낸 혜안의 표현은 아니었을까?

5. 광둥과 광저우 개관

간칭이 '월(粤)'인 광둥은 당나라 때부터 '링난(嶺南, 영남)'으로 불려오다 10세기쯤 현재의 지명이 붙여졌다. 북쪽으로 장시성과 후난성, 서쪽으로 광시 좡족(壯族, 장족)자치구, 남쪽으로 홍콩·마카오와 접하며, 남해에 면하여 4,310km의 해안선을 끼고 있다. 그래서 바다 쪽에서 중국 남부로 들어가는 관문이면서 수륙교통의 요충지이기도 하다. 광저우가 청나라 때 유일하게 대외개방 항구가 되었던 것도 그런 이유가 크다.

그렇게 광둥은 일찍이 화남지역 정치·경제·문화의 중심지가 되었을 뿐 아니라, 현재도 광저우·선전(深圳, 심천) 등지는 개혁·개방의 핵심지대로 중국경제를 선도하며 성장을 견인한다. 광둥성 전체는 광저우를 포함한 21개의 지급시(地級市)와 120개의 현급(縣級) 행정구를 거느리고 있다.

참고가 될까 하여 적어보면, 현대 중국의 행정구역 체계는 규모와 중요도 순으로 성급→지급→현급→향급→촌급의 5개 행정구가 있고, 하위 행정구는 저마다 직상급의 행정구에 부속된다. 자치구, 성, 직할시, 특별행정구가 '성급 행정구'에 속하며, 자치주와 일부 시 및 현이 '지급 행정구'에 속한다. 시는 지급시(또는 부[副]성급시)와 부지급시, 현급시로 구별되는데, 광둥성에서는 광저우·선전·주하이(珠海, 주해)·산터우(汕頭, 산두)·샤오관(韶關, 소관)·자오칭(肇慶, 조경)·후이저우(惠州, 혜주)·메이저우(梅州, 매주)·산웨이(汕尾, 산미)·둥관·제양(揭陽, 게양) 등 대부분의 시가 지급시이다. 시에서는 시할구·현급시·현이 '현급 행정구'가 된다. 현이 구(區)로 승격되는 경우도 많아서, 대부분의 시가 몇 개씩 구를 거느린다. '향급 행정구'에는 향(鄕)·진(鎭)·현할구(縣轄區)가 속한다.

광둥성의 지세는 대체로 북고남저이고, 중부와 남부에 낮은 구릉과 대지(臺地) 혹은 평원이 산재한다. 하이펑(海豐, 해풍)에서 차오양(潮

陽, 조양)까지가 대지 지형이라면, 차오산(潮汕, 조산; 차오저우와 산터우의 합칭)은 평원이다. 이런 지형의 영향으로 태풍과 홍수와 가뭄이 자주 발생하며, 봄철에는 낮은 기온인 상태에서 궂은비가 내리곤 한다.

광둥의 주민 구성은 한족(漢族)이 대종을 이룬다. 가장 먼저 주(周)나라 사람들의 후예가 당나라 때 이후로 옮겨와 정착해서 주강(珠江) 삼각지 중심의 현지인이 된 광부인(廣府人), 다음으로 진(秦)나라 때 이래로 중원에서 내려와 산터우·차오저우·제양 등 동쪽 지역에 주로 분포하며 화교로의 진출도 많은 조산인, 그리고 송대(宋代) 이래 중원에서 남쪽으로 내려와 메이저우를 본거지로 삼게 된 객가인(客家人), 이 3대 계열이 광둥 한족의 구성 부분이다. 몇몇 소수민족도 거주하는데, 그중에는 좡족이 가장 많다.

광둥성의 수도 광저우는 남해로 흘러 들어가는 주강(珠江)의 하류가 만들어낸 삼각지에 자리 잡은 도시이다. '주'는 '진주'라는 뜻으로 우선 읽히지만 '붉다'는 뜻도 갖는다. 한(漢)나라 때부터 남월왕국의 도읍지이던 판위(番禺, 번우)성이 점점 확장되면서 큰 상업도시가 되었고, 그래서 '천년 상도(商都)'로 불리어 왔다. 19세기 이후의 정치적·사회적 격변 속에서 광저우는 린쩌쉬(林則徐, 임칙서)의 아편전쟁과 홍슈취안(洪秀全, 홍수전)의 태평천국운동, 캉유웨이(康有爲, 강유위)와 량치차오(梁啓超, 양계초)의 변법운동의 주무대가 되었다.

뒤이어 20세기 들어서는 쑨원 등의 반청(反淸) 민족주의와 공화주의 세력이 주도해간 신해혁명의 현장이요 본거지로 부상하더니, 1921년 중화민국 수립이 여기서 선포되고 총통부가 두어졌다. 이어서 통일전선 결성을 결의한 1923년의 중국공산당 제3차 전국대표대회와 1924년의 국공합작 체결의 현장이 되면서 국민혁명운동과 북벌의 전

초기지가 되어갔다. 그런가 하면, 우파의 반혁명 책동에 반격하려는 중국공산당의 봉기가 1927년에 벌어졌던 곳이기도 하다. 그만큼 유서 깊은 '혁명의 도시'가 바로 광저우이고, 그래서 '영웅성시'(英雄城市)요 '홍색 광저우'로도 일컬어지는 것이다.

6. 몇 가지 첨언

이 책은 일반적인 광둥 견문기나 자유여행기, 혹은 '광둥지역 한국독립운동 사적'의 답사기가 아니다. 제목(『김산 따라 아리랑 로드로—혁명과 반혁명의 광둥 3년을 찾아서』) 그대로, 1925년 가을부터 1928년 여름까지의 만 3년에 걸쳐 김산이 광둥에서 내보였던 행적과 남겨진 발자취('아리랑 로드')를 충실히 그려내며 최대한 따라가 보는 것으로 내용을 한정한다. 그러기 위해 중심적 주제가 될 광저우봉기 참가와 그 후의 동진 행로에 우선 집중하고 초점도 거기에 맞출 것이다.

그러기 위해 나는 책 전체를 2개의 부로 나누어 구성하려 한다. 1부에서 1927년 12월 광저우봉기 때의 3일간 상황을 자세히 묘파하되, 그에 앞서 1925년 여름, 더 거슬러 올라가면 1920년대 초엽부터 광둥을 중심으로 화남·화중 지역에서 벌어졌던 주요 사건들과 그 환경정세의 변천 추이, 그리고 그 정치·군사적 배경을 서술하여 후속 이야기의 실마리로 삼겠다. 광저우봉기와 그 전후의 일들에 대한 지식·정보의 보급이 국내에서는 아직도 그다지 잘 이루어지지 않은 것 같아서이다. 『아리랑』에 서술되어있는 바도 상당 부분 곁들이고 정리해 보여주겠지만, 관련되는 국내외 연구성과 및 보조자료를 많이 도입해 활용할 것이다. 광저우봉기에 대해서도 학술논문이 두어 편 있지만 보충되어야 할 부분이 많고 대중적 독서물은 아예 없다시피 해왔음도 감안해서이다.

그런 후 2부에서는 광저우봉기가 실패로 끝나고만 뒤에 김산과 몇몇 한국인 동지, 그리고 그들이 속한 봉기군 대오가 동강(東江)지구로 이동해 계속 벌여간 혁명운동의 과정과 경로를 그려보려 한다. 그러니까 당시의 상황 묘사를 앞에다 두고 우리의 답사 경로는 뒤에 배치해 버무리고 교차시켜가는 식의 편제가 될 것이다. 이런 방식의 구성이 줄 이점은, 복잡다단하고 혼란스러운 면도 있던 당시의 정세와 사건들에 대한 파악과 이해, 그 속에서 김산이 취했던 행보와 그 족적의 탐지를 차례로 하나하나 해가면서 결국은 양자를 긴밀히 연결지어 볼 수 있다는 것이다.

마지막으로 해둘 말은 우리의 기행 여정이 광저우에서 동부 광둥으로 옮겨간 김산의 실제 행적과는 다르게, 후자 쪽을 먼저, 전자는 나중에 답사함으로 되었다는 것이다. 언제 우천이 닥칠지 모를 기상조건의 급변을 고려하여, 원거리의 보기 어려운 곳을 먼저 가보고 오자는 생각으로였다. 그 반대의 순서, 그러니까 김산 자신의 행로를 그대로 복구하듯 따라가는 순서가 더 나았을 수도 있지만, 그것은 교과서적 얘기이고 현실적으로는 차선책을 택해야만 하는 경우도 있는 것이다. 아무튼 본문의 답사기는 우리가 취했던 실제의 행로 그대로 풀어가려 한다. 그래야 실감이 더하고 기록의 진실성도 보증될 것이라고 여겨서이다.

1부

김산과 광저우 봉기

I

1925년의 광저우,
의열단과 김산이 매혹되다

1 | 점화된 국민혁명운동

지금으로부터 꼭 100년 전인 1925년은 중국의 정치정세를 크게 바꿔놓을 변곡점이 되는 해였다. 기폭제는 상하이에서 벌어진 5·30운동이었다. 이것을 계기로 영국·일본의 제국주의 정책에 반대하는 국민운동의 열기가 상하이와 광저우를 중심으로 중국 관내 각처를 향해 태풍처럼 불어닥쳐 번져갔다.

당시 중국에는 일본자본 계열의 면방직공장이 중·남해 가까이의 주요 도시마다 세워져 있었다. 그 수가 41개를 헤아리고, 고용된 중국인 노동자는 8만 8천 명에 달하였다. 그런데 5월 중순에 상하이와 칭다오(靑島, 청도) 두 도시에서 불행한 사건이 발생했다. 사내 쟁의에 참가 중인 노동자 몇 명이 일본인에 의해 살상당한 것이다. 분노한 상하이의 노동자와 학생들은 사전 연락과 준비를 거쳐 5월 30일 조직적인 항의시위를 벌였다. 그러자 공동조계의 영국 경찰이 시위 대열에 발포했고, 수십 명의 사상자가 생겨났다.

이에 상하이의 20만 노동자를 대표하는 조직으로 총공회(總工會)가 즉각 결성되어, 각 마로(馬路) 상회연합회, 학생연합회, 전국학생연합총회 등 3개 단체와 손잡았다. 그들은 공·상·학 연합으로 6월 1일부터의 총파업·철시·동맹휴교를 단행했다. 그리고 대대적인 반일·반영 시위도 전개하기 시작했다.

상하이의 5·30운동은 곧바로 베이징·톈진·한커우·창사(長沙, 장사)·난징 등 화북과 화중의 여러 도시로 파급되어 동조파업 및 시위가 벌어졌다. 그뿐 아니라 상공인, 학생, 일반시민들이 대거 참여하는 국민대회가 개최되는 등으로 대중적 반제운동의 불길이 전국으로 번져갔다. 상하이와 베이징의 한인 독립운동자와 대학생들도 격문 배포, 시위 참가, 의연금 모집 등의 방법으로 적극 도우며 가담했다.

이윽고 6월 19일에는 홍콩의 10여만 노동자들이 파업을 단행했다. 광저우에서도 6월 23일 노동자들이 파업하고 학생·시민·군인들이 대거 합세로 동참하는 반제·반군벌 시위가 벌어졌다. 중국국민당 공인부장(工人部長) 랴오중카이(廖仲愷, 료중개)가 시위를 막후 지도했고, 국민당과 합작 중인 공산당도 쑤자오정(蘇兆徵, 소조징)·덩중샤(鄧中夏, 등중하) 등을 통해 적극 개입했다. 사면(沙面)의 공동조계로 진출한 시위대는 영국 경찰과 크게 충돌했고, 시위대원 52명 사망에 170여 명 중상이라는 참사가 빚어졌다('사기참안'沙基慘案). 그러자 홍콩의 파업노동자 총 25만 명 중의 13만 명이 광저우로 건너와 시민들과 연대하며 장기 총파업에 돌입했다('성항파공'省港罷工).

긴박한 상황 속의 광저우에서 7월 1일 '국민정부' 수립이 선포되었다. 그해 3월에 급서(急逝)하기 전까지 쑨원이 이끌었던 광둥 대원수부(大元帥府)가 개편됨에 의해서였다. 동시에 국민당 산하의 병력을 '국민혁명군'으로 재편했는데, 국민당군으로 구성된 제1군은 장제스(蔣介石), 광둥군으로 구성된 제4군과 제5군은 각각 리지선(李濟深, 이제심; 본명은 리지천[李濟琛, 이제침]이나 개명했음)과 리푸린(李福林, 이복림)이 군장으로 취임했다. 전자는 황포군교 교련부 주임이었고, 후자는 토비(土匪) 출신인 것으로 알려진다.

정부수립 직후 랴오중카이가 영국에 대한 항의문을 발표하고, 불평등조약 취소, 조계 회수, 외국 군함의 내하(內河) 통항 금지를 요구했다. 파업노동자들을 적극 지원도 했다. 광저우는 시민·노동자와 정부의 연대로 전개되는 반제운동의 거점으로 자리 잡고, 국민당 내 좌파의 입지가 더욱 강화된다. 이에 대한 반동인지, 국민당 좌파의 영수 랴오중카이가 8월 20일 혜주회관(惠州會館)의 중앙당부 사무소로 출근한 직후 괴한의 총격으로 암살되고 만다. 당내 우파의 몇몇 정객과 군인이 배후로 지목되어 숙청되자 우파 원로들이 베이징에서 '서산회의(西山會議)'를 연 후 상하이에 당 중앙을 따로 세워 떨어져 나갔다. 그렇게 국민당 내부가 혼란해진 틈을 타 9월에 광둥군벌 천중밍(陳炯明, 진형명)이 반란을 일으켰다.

 천중밍은 광둥성 하이펑현 출신의 군인이요 행정가로, 신해혁명에 공을 세워 1920년경 대원수부의 내무부장 겸 육군부장이 되었다. 하지만 광둥성의 안정을 염원한 그는 혁명동지요 직속상사인 쑨원의 반군벌 통일정책에 반대하여 사이가 틀어졌다. 그 후 1923년에 반란을 일으켜 광둥성 동부지역을 점거하고는 '월군(粤軍) 총사령'을 자칭했고, 베이징정부의 우페이푸(吳佩孚, 오패부)로부터 양광(광둥·광시성) 총독으로 임명받았다. 그리고는 광저우 재점령을 위한 군사작전을 준비했는데, 이 사실이 알려지자 대원수부 대본영에서 1925년 1월 천중밍 토벌을 결의하고 동정군(東征軍) 총사령부를 설치했다.

 천중밍은 기선을 잡고자 군대를 보내 광저우의 임해 관문인 호문(虎門)으로 진격토록 했다. 동정군도 행동을 개시해 반격에 나섰다. 이때 황포군교 1기생 중심으로 편성된 군관교도단이 월군 총사령 쉬충즈(許崇智, 허숭지)의 우익군에 '교군'(敎軍)으로 배속되어 언제나 선두에 서면서 많은 전공을 세웠다. 2~3천 명 규모의 교군은 월군 참모장을 겸임케 된 황포군교 교장 장제스가 직접 지휘하였다. 동진하면서 그들은 둥관·선전·담수성(淡水城, 현재의 후이양[惠陽])·하이펑·루펑을 차례로 점령하고 멀리 차오저우와 산터우 등까지 함락시켜 동로군사령부를 설치함으로써 광둥성 동부지역을 완전히 장악했다.

동정의 성공적 마무리에 크나큰 기여를 한 장제스는 군사 실력자로 인정받아 우뚝 서게 되었다. 황포군교 정치부 주임으로 참전한 저우언라이(周恩來)는 승전 직후 동강지구의 각 현으로 특파원을 보내 공산당과 공청단을 조직하게 했다.

국민당 동정군에 대패한 천중밍은 와신상담하며 재기를 노리다 베이징의 군벌정부와 홍콩의 영국 식민정부로부터 군자금과 다량의 탄약이 제공되자 9월에 재차 반란을 일으켰다. 휘하의 3만 병력으로 우선 월동지구의 여러 현을 차례로 함락시키고 동강 지역 장악에도 성공한 후 광저우로의 진공 기회를 노렸다. 이에 국민정부 군사위원회가 2차 동정을 결정하고 총사령부를 구성하여 10월 초에 출정시켰다. 동정군의 제1군이 반란군의 강력한 요새인 후이저우성(城)을 맹렬히 공격하여 함락시켰고, 일로 동진하면서 천중밍의 군대를 모두 격파해냈다. 11월 초에 산터우를 재점령하고 천중밍군을 계속 뒤쫓아 1만 2천 명을 섬멸하였다.

이로써 천중밍은 몰락했고, 광둥 전역이 국민정부에 깨끗이 복속되었다. 동정군 총사령이던 장제스는 국민정부 최고의 군사실력자로 등극했고, 총정치부 주임으로 참전한 저우언라이는 '동강 각속(各屬) 행정위원'으로 임명되어 25개 현의 행정사업을 지도해 갔다. 황포군교 훈련부의 기술주임이었다가 제1차 동정 때 중대급의 학생군을 이끌고 참전한 바 있는 한인 양림(楊林, 이명 양녕[楊寧], 본명 김훈[金勳])은 동년 11월 광저우 서편의 자오칭현에서 제4군의 독립단(團=연대)이

창설될 때 제3영 영장(營長=대대장)으로 임명받고 500여 명의 3개 연(連=중대)을 지휘하게 된다. 독립단은 중공당이 영도했고, 단장은 모스크바공산대학에서 수학하고 9월에 귀국해 있던 예팅(葉挺, 섭정; '葉'이 성으로 쓰일 때는 '엽'이 아니라 '섭'으로 읽음)이 맡았다.

2 │ 한인 청년들의 중국혁명 참가 열망

 5·30운동 이래로 급속히 확대 전개되어 간 반제운동의 추이는 제국주의 열강과 결탁 또는 협력하는 군벌 세력에 대한 민중의 반감을 드높이면서 국민혁명의 성공을 점쳐볼 수 있게끔 했다. 일찍부터 혁명운동의 진원지였고 근거지가 되어온 광저우는 그럴수록 더 당대의 변혁 열망이 집중·집적되어 끓어오르는 용광로처럼 되어갔다. "소련과 연합하고, 공산당과 연대하며, 공인과 농민을 도와준다[聯蘇容共 工農扶助]"라는 3대 정책 기조 하의 국공합작은 수많은 청년들이 광저우로 모여들어 혁명운동에 기꺼이 투신케 하는 가장 큰 유인이었다.
 국공합작의 으뜸가는 상징은 황포군관학교였다. 중국혁명의 선결과제이고 혁명운동 진영의 우선 목표가 되는 것은 제국주의 외세와 유착한 군벌정권 타도였다. 그래야만 국민정부의 힘으로 중국 통일을 성취해 낼 수 있기 때문이었다. 그런 이유로 국민정부 수립과 동시에 '국민혁명군'이 조직된 것이었다. 북벌 의지를 굳히고 또한 구현해 갈 첫걸음으로였다. 그러니만큼 북벌 개시는 시간문제일 뿐, 반드시 이루어

황포군관학교 개교식(1924.6.16) 사진. 사열대의 좌로부터 랴오중카이, 장제스, 쑨원, 쑹칭링.
(황포군교 유지 진열관에서 촬영)

질 것이라고 다들 내다보았다.

북벌을 포함한 국민혁명운동의 추이와 경로는 한국민족운동의 진전 여부를 가늠해 줄 중요 변수이기도 했다. 전자가 성공적으로 완결되면 식민지 조선의 민족혁명운동에 새로운 영감과 용기를 불어넣어 줄 것이며, 중국에서의 독립운동의 여건이 크게 호전되면서 그 기반이 탄탄해져 갈 것으로 전망되었다. 국공합작 체제에 기반하여 국민혁명운동을 주도해가는 세력은 한인 혁명가들의 든든한 제휴 상대이면서 원군일 것으로 기대되었다. 그러기에 중국 내 한인 민족운동자들은 국민혁명운동의 진전 상황에 각별한 관심을 보였고, 여러 방식의 지원 이상으로 직접 참여도 시작했다. 그것은 민족혁명전선의 한-중 연대로 나아가는 힘찬 발걸음이기도 했다.

특히나 진보적 성향의 독립운동자들 사이에 정세 인식과 판단이 공유되면서 새로운 기대가 형성되고, 그것이 점차 확산되면서 일반적 정서처럼 되어 갔다. 반제·반군벌 혁명운동의 완전한 성공이 한국독립의 길목이 되리라는 판단, 국민정부가 반제-반일 노선을 일관되게 밟아감으로써 한국독립운동의 진정한 동지요 후원자가 되어 줄 것이라는 기대, 따라서 민족해방의 제1보를 내딛는 마음으로 우리도 중국혁명에 참가함이 맞으니 응당 그러겠다는 결심이 서곤 했다. 북벌이 개시된다면 참전하는 것이 조국광복전쟁의 예비 체험일 수 있었다. 거기서의 실전 경험을 바탕으로 무장력을 키워서 대일결전을 준비해 갈 수 있다면 더할 나위 없이 바람직한 바였다. 국민정부도 전투력 증강 차원에서 한인들의 참전을 환영했다. 그래서 '중국혁명이 조국해방의 첫걸음'이라고 보는 한인 운동자들이 조직적으로, 또는 개인적 결단으로, 1925년부터 광저우로 모여들기 시작했다.

3 | 의열단의 광저우행과 김산의 호응 후행

위와 같은 맥락에서 '광저우로 가기'를 발 빠르게 가장 먼저 실행한 한인 운동조직은 의열단이었다. 상하이에 있던 간부진과 단원 19명이 단장 김원봉의 인솔하에 1925년 8월 중순 광저우로 이동해간 것이다. 사람만 간 것이 아니고 아예 본부를 옮긴 것이기도 했다. 앞서 김원봉과 접촉했던 천궈푸(陳果夫, 진과부)의 권유대로 이루어진 결과였다.
천궈푸는 쑨원이 가장 아끼는 혁명동지였는데 1916년 위안스카이(袁世凱, 원세개)가 보낸 자객에 암살당한 천치메이(陳其美, 진기미)의 조카였다. 그는 숙부 생전에 그에게 발탁되어 심복이 되었던 장제스로부터 황포군교 신입생 모집의 부탁을 받고 상하이로 가서 프랑스 조계의 허타이신(河泰新)호텔에 사무실을 두고 여기저기 교섭했다. 훗날 1930년대에 그는 동생 천리푸(陳立夫, 진립부)와 함께 극우 특무조직 'CC단'을 만들어 운용했고, 국민당 조직부장이 되었을 때는 김구(金九)의 가장 든든한 후원자로 한국독립운동 진영의 정치적 풍향계에 막대한 영향력을 행사한다. 김원봉이 상하이를 떠날 때 천쿼푸가 소개장을 주었는데, 광저우 도착 후 장제스에게 내보일 것이었다.

천쿼푸의 권유와 설득에 김원봉이 마음을 정하고 의열단 동지들에게 제안했을 때 찬반 양론이 뜨겁게 벌어졌다. 왜 해오던 사업을 제껴놓고 이 마당에 중국군엘 들어가느냐, 그것도 겨우 소위(少尉)가 되겠다고? 이에 대해 약산은 대답했을 것이다. 일제 타도는 우리만의 군대 없이는 불가능할 것이라고, 그러니 이제부터는 군대 양성을 계획하고 그 준비를 해야 한다고, 그러려면 우리부터가 군사교육을 받고 군대에 대해 알아야 한다고, 게다가 무료교육에 러시아 장교들이 와서 신식 장비로 가르쳐준다고 하지 않느냐고. 요컨대 황포군교는 또 하나의 독립운동 기지가 될 것이라는 얘기였다. 결국 종래의 의열투쟁 노선 고수를 주장하는 김상윤(金相潤), 유자명(柳子明) 등 극히 몇 명을 제외하고는 다들 김원봉의 결단과 제안에 찬동했다. 그 얼마 후 베이징의 김성숙이 돤치루이(段祺瑞, 단기서) 정부의 추방령이 발동되자 광저우로 내려갔고, 그러자 김산도 동행했거나 뒤따라갔다. 그 시점은 빨라도 11월 중순 이후였다.

김원봉이 광저우로 간 것이 이번이 처음은 아니었다. 이미 1924년 3월경에 그는 광저우의 국민당 재정청(財政廳) 앞에 거소를 마련해 머

물러 있으면서 국민당 요인들, 특히 재정부장 랴오중카이와 조직부장 탄핑산(譚平山, 담평산) 등을 찾아가 만나보고 있었다. 5월에는 황포군관학교의 조선인 교관이고 기술주임인 양녕과도 밀회했다. 그해 1월에 열린 국민당 제1차 전국대표대회를 단원 권준(權晙)과 함께 참관했다는 얘기도 나온 바 있는데, 이는 개연성이 작고, 1926년 1월의 제2차 대회 참관이 와전된 것이었을 가능성이 크다.

  김산의 회고로는, 자기가 광저우에 도착했을 때 한인 운동자가 60명가량 있었으며 대부분 의열단원이었다고 한다. 그러나 이듬해 1926년에 한인 운동자의 광저우행이 급속도로 늘어나 수백 명에 이른다. 상하이에서 국민당 측의 특별요청으로 중국 군관학교와 대학의 입학생 선발을 위임받아 일한 여운형(呂運亨)·현정건(玄鼎健)·변장성(邊長城) 3인이 골라 보낸 인원도 꽤 되었다.

II

1926년의 새 희망과
빛나는 날들

1 | 연초부터의 분주한 움직임

　1926년 새해가 밝았다. 광저우에서는 1월 4일부터 광둥성 자의국(諮議局)의 청사 건물(현 광저우기의 열사능원 안의 광동혁명역사박물관)에서 국민당 제2차 전국대표대회가 열렸다. 19일까지의 일정으로였다. 이 대회는 1만 2천여 자의 선언문을 통해 반제국주의 이념·정신을 천명하고 반제운동의 기본 강령을 제시한 자리였다는 데서 특별한 의의가 있었다.
　대회 선언은 먼저 제국주의 타도가 국민혁명의 '제1공작'임을 선포하고, 반제에 이해와 입장을 같이하는 식민지·반식민지 피압박민족과의 연합투쟁이 그 방법이라고 언명했다. 그러기에 "민족운동과 국제운동은 서로를 필요로 하며, 민족주의와 국제혁명주의는 실상 그 내용이 일치한다."고도 했다. 이어서 선언은 반제운동의 논리와 기본 프로그램도 제시했는데, 일체 피압박민족과의 연합, 소련과의 연합, 제국주의 본국 내 피압박인민과의 연합이 제국주의 타도를 위해 필요하다는 요지였다. 이 대회에서 베트남의 호치민(胡志明, 호지명)과 더불어 여운형이 영어로 축사를 했다. 그는 "제국주의가 타도되는 때에 약소민족이 다 해방될 것이다. 우리 약소민족은 전력을 다하여 중국의 혁명을 도와야 한다. 중국의 혁명이 성공되면 약소민족은 다 해방된다."는 요지로 웅변하였다. 이 자리에는 김원봉과 김성숙·김산도 다른 의열단원들과 함께 와서 참관했음이 확실시된다.
　그 대회 폐회 1주일 만인 1월 26일, 의열단원 15명가량이 황포군교에 들어갔다. 정식 입학인 것은 아직 아니고, 4기 입학 예비대 즉 '입오생대'(入伍生隊)에 소속되어 사하병영(沙河兵營)으로 들어간 것이다. 거기서 당분간 제식훈련을 비롯한 기초교육을 받을 것이었다.

 3월 1일, '중국중앙군사정치학교' 성립 전례가 황포군교 교정에서 거행되었다. 1924년 6월에 설립되었던 '중국국민당 육군군관학교'를 개칭해서였다. 교장은 여전히 장제스였다. 뒤이어 3월 8일에 군사정치학교 개학 겸 제4기 입학식이 거행되었다. 황포군교 관계의 중국 자료에는 '한적'(韓籍) 학생이 3기(25.5~26.1) 4명, 4기(26.3~26.10) 24명, 5기(26.11~27.8) 6명, 총 34명인 것으로 나오는데, 실은 이보다 많았을 것으로 보인다. 이름이 확인되는 한인 재학·졸업생만도 73명이나 되고, 5기생 중 한인은 100여 명이나 되었으며 그중 근 80명이 의열단에 새로 가입했다고 함에서 그렇게 관측된다.

 3월 1일에 3·1운동 7주년 기념식이 혜주회관에서 열렸다. 여기에 여월(旅粵)한인회원 36명 전원과 안남(=베트남)동지회원 13명, 중국 측에서는 황포군교·항공국·광동대학 학생동자군(童子軍)·청년군인연합회·성항파공위원회·전국총공회 등의 기관·단체 대표 등 60명가량이 참석해 성황을 이루었다. 랴오중카이의 부인이고 국민당 부녀부장인 허샹닝(何香凝, 하향응)도 동석했다. 모름지기 전세계 피압박 약소민족이 일치 협력해 일체의 제국주의를 타도해야 한다고 허샹닝이 연설했고, 한국혁명·중국혁명·세계혁명의 성공을 서원(誓願)하는 구호가 고창되었다. 5월 2일에도 광저우화교협회 주최의 '제국주의 반대·항의 대회'가 개최되었는데, 각지 화교단체 대표 외에 조선·인도·베트남 대표가 참석했다.

 3월 14일에는 중산대학 근처의 어느 여관에서 의열단 제1차 전국대표대회가 열렸다. 여기서 13개 장, 67개 조로 구성된 '의열단 총장(總章)'이 채택되어, 종래의 소집단 비밀결사형 전위행동대로부터 반(半)공개적 정치결사인 혁명당 조직으로 변환시키기로 결정되었다. 그 후속 조치로 그해 11월에 개최한 제2차 전국대표대회에서 20개 조의 정치강령을 제정, 공표하였다. 민족혁명 완수와 민주변혁 추동을 두 축으로 삼아 짜인 것이었다. 특히 후자의 약속으로 '봉건제도 및 일체 반혁명세력 삭제'를 기초로 하여 인민의 자유권·평등권·참정권·행복권이 폭넓게 보장되는 '진정한 민주국' 건설을 내놓았다. 더하여 사회정책으로 사회복지기관 설치와 노동자·빈농층에 대한 주거 공급도 규정해놓았다. 그해 7월에 나왔던 조선공산당의 강령보다 훨씬 더 폭넓고 풍부한 내용의 것이었다.

중앙군사정치학교에 들어간 일부 단원들과 달리 김산은 강세우(姜世宇)·김성숙·정유린(鄭有麟)·이영준(李英駿)·최원(崔圓)·서의준(徐義駿) 등과 함께 국립광둥대학에 특례 입학했다. 어찌 보면 의열단을 장차 군사와 정치 양수겸장의 조직으로 키워가려는 포석 하에 역할분담 식으로 입학처를 두 개로 나눈 것이기도 하겠다. 하긴 황포군교의 교육과정도 군사 지식·기술 위주로만 짜인 것은 아니었다. 군교 운영진은 국민혁명 완수에 필요한 이념교육·정치교육을 담당하게끔 정치부를 두어서, 정치사상 학습과 혁명정신 고취에도 주력하였다. 그 교육과정은 사회과학을 중심으로 진보적인 내용으로 짜였고, 민족문제 및 국민통합과 결부된 혁명론, 다시 말해 반제·반봉건의 '민족혁명' 사상이 강조되었다. 그러므로 황포군교에 입교한 의열단원들도 정치교육 과정을 통해 민족해방과 사회변혁을 더불어 지향하는 혁명사상을 체계적으로 섭취하고 혁명적 정치의식을 심화시켜 갈 수 있었다.

2 | 중산대학의 김산과
왕성한 활동

광둥대학은 1924년 9월에 개교했고, 작고한 쑨원을 기리는 의미로 1926년 7월에 중산대학으로 개명된다. 국립대학이어서 장학금 혜택을 받을 기회가 컸다. 광저우의 중국인들이 "문(文)은 광둥대, 무(武)는 황포군교"라고 입을 모아 말하리만큼 두 학교는 선망의 대상이었다. 또한 그만큼 청년 혁명지사 양성의 양대 축을 이루었다. 광둥성 당안관에서 나온 자료에 의하면, 1926년 현재 중산대학의 한인 재학생은 총 47명이었다.

김산('장지락')은 의학부 본과 2학년으로 편입학했는데, 베이징의 협화의학원에 다닌 이력이 참작되었을 것이다. 김성숙은 법학부 본과 2학년, 이영준과 강세우는 이학부 본과 3학년·1학년으로 편입했다. 가을학기가 되었을 때 김산은 법학부 본과 1학년으로 전과하여, 이듬해 1927년에는 예과 제도를 없앤 법학부의 4학년이 되고 정치과 전공이었다. 김산은 중산대학에서 '경제학을 연구'했다고 님 웨일즈에게 술회했는데, 혼자서 정치경제학을 열심히 공부했다는 뜻의 말이 아니었을까 한다. 그런데 1927년의 중산대학 한인 재학생은 28명으로 대폭 줄어든다. 4·12 정변 때 10여 명이 참살되었고, 혼란의 와중에 어디론가 가버려서 중퇴로 처리된 학생도 생겼기 때문이다.

중산대학에 다니면서 김산은 동지 5인과 함께 중공당에 가입하여 조선인 세포가 되었다. 동시에 국민당에도 자연히 가입되었다. 그들은 토요일 밤마다 여관방을 빌려 격하게 토론했다. 중심 논제는 조선혁명과 중국혁명의 관계, 혁명의 수단, 민족문제와 계급투쟁, 혁명의 지도권 등이었다. 결론은 대체로 이렇게 내려졌다. 민족해방을 위하여 먼저 중국혁명에 참가하고 일제와 군벌에 대해 투쟁의 예봉을 가하자고.

1926년 늦봄에 유월(留粤)한국혁명청년연맹이 창립되었다. 중산대학 교정에서였다. 맹원이 300명에 달할 만치 초기부터 큰 호응을 얻었다. 분파주의 배격을 기조로 하는 대중운동을 위해 김산이 김약산(=김원봉)·김성숙과 함께 준비한 결과였다. 연맹의 선전부는 기관지로 『혁명운동』을 창간했다. '야광(夜光)'이라는 필명을 쓰는 김성숙이 주필을 맡고, 김산은 부주필 겸 편집위원회 간사로 일했다. 1927년 1월 1일자의 제2호에는 오성륜이 「한국민족혁명운동의 통일을 논함」이라는 글을 '함성(喊聲)'이라는 필명으로 기고했다.

청년연맹 창립은 그 사이 만주·시베리아·모스크바·국내·일본 등지로부터 군사운동·대중운동·사상운동 등의 이력을 가진 한인 운동자들이 대거 광저우로 모여든 때문이었고, 그래서 가능해진 것이기도 했다. 그러면 그 규모는 어느 정도였으며, 어디서 얼마만큼 왔던 것인가?

일제기관의 한 정보보고로는 1926년 3월에 180명 정도였다. 광둥 일본총영사관은 1926~1927년 봄 사이 300명, 1926년 11월에 308명(황포군교 228명, 중산대학 13명), 1927년 5월에 149명(군교 192명, 중산대 57명), 1927년 10월에는 324명이라고 본국에 수차 보고하였다.

김산은 이보다 훨씬 더 큰 규모로, 1927년까지 800명 이상이었다고 말했다. 만주의 대한독립군 출신자가 약 400명, 시베리아 유격대원 100명 이상에, 미하일 보로딘(M. M. Borodin)의 국민당 고문단과 같이 온 30명의 모스크바 학생도 있었다고 한다. 시베리아의 이동휘(李東輝)가 수많은 한인 혁명가들을 광둥으로 보냈고, 상해파의 적

기단(赤旗團)도 다수의 청년단원을 광저우로 보냈다. 만주에서 적기단원이었다가 1925년에 광저우에 내려와 있던 이용(李鏞)이 그들의 광둥행을 도왔고, 그가 몸담았던 고려혁명의용군 대원들도 많이 내려왔다. 국내서 온 노동운동 지도자와 공청원도 합하여 100명 정도였다.

800명 중에 대한독립군을 제외한 거의 모두가 공산당원이거나 공산청년동맹원, 아니면 적어도 공산주의 동조자였다. 그렇게 각지에서 온 공산당원 80명으로 비밀그룹 K.K를 조직했는데, K.K란 '한인 공산주의자들'이란 뜻의 독일어 표기 Koreanischen Kommunisten의 약어로 쓴 것임 직하다.

1926년 6월에는 광저우의 한인 운동자 전체를 이념·정파의 구별 없이 한데 묶어내는 중추적 조직체로 유월한국혁명동지회(이하 '유월동지회')가 창립되었다. 앞서의 혁명청년연맹을 발전적으로 해소하면서 조직구성의 실질은 거의 그대로 인계받아 성립한 것이었다. 회장은 손두환(孫斗煥)이 맡았는데, 그는 장제스의 부관실에 근무하고 있던 것으로 알려진다. 김원봉과 김성숙은 중앙집행위원, 장지락은 입회 자격을 심사하는 조직위원으로 선임되었다. 기관지 발간도 그대로 계속되었다.

그해 12월 초에 모스크바공산대학을 막 졸업한 오성륜이 황포군교 교관 요원이 되어 광저우로 왔다. 그는 '함성'이라는 가명을 쓰면서 군교 군사학과에서 러시아어와 계급투쟁론 및 민족문제를 강의했고 김산과 동숙했다. 김산은 중산대학 편입학 당시 본부의 기숙사를 배정받았으나 전과하고는 기숙사를 나와 여관에서 지냈다. 큰 방에 30명이 같이 기거하면서였다. 김산 또한 황포군교에서 강의했다고 님 웨일즈에게 말했는데, 사실로 확인되지는 않는 부분이다.

김산은 의열단이 '한국민족독립당'으로 개명하고, 장차 조직될 대독립당의 모체가 될 것을 자임했다고 회억했다. 하지만 '당적 조직'으로 체제 개편은 했지만 유자명 등 일부 간부진의 격한 반대로 개명까지는 못한 것으로 알려진다. 그런 가운데 의열단과 유월동지회의 연계선을 K.K가 장악하고 보로딘 및 코민테른 대표부와 직접 연락하는 관계였다고 한다. '조직의 귀재요 탁월한 전술가'인 보로딘을 김산과 오성륜이 좋아해서 친하게 지냈다. 오성륜과 김산은 의열단원 정유린과 함께 12월에 발족한 중국본부한인청년동맹 광동지부의 대표 5인 중의 일원도 되었다.

3 | 호치민과의 연대와 교류

김산은 보로딘 등 소련고문단만 아니라 광저우에 와있는 외국인들은 거의 다 만나보고 있었다. 영국인 노동운동 지도자 토마스 만, 미국공산당의 얼 브라우더, 프랑스공산당의 자크 도리오 등, 코민테른 쪽 사람들과 각별히 좋은 만남을 가졌다. 또한 그와 의열단원들이 맺은 특별한 인연이 하나 더 있었으니, "프랑스에서 교육받은 인도차이나 출신의 훌륭한 공산주의자"와의 교류가 그것이다. 바로 호치민을 말함이다. 프랑스로 유학 가 공산당원이 되어 있던 호치민(본명은 응우엔 아이 쿠옥인데 1940년에 개명)은 1923년 6월 파리에서 모스크바로 탈출해 코민테른 극동국에서 근무했다. 그해 늦여름에서 가을까지 3개월간 모스크바를 방문 중이던 장제스와 만나보기도 했다. 12월부터 동방노력자공산대학의 7개월짜리 단기과정을(기본과정은 3년) 수학했다. 1924년 6월, 코민테른 5차 대회에 프랑스공산당 대표로 참석하여 식민지와 농민문제의 중요성을 3차나 역설했고, 곧이어 코민테른 집행위원회 극동서기국의 서기로 임명되었다. 하지만 그가 강력히 요구하여 극동국의 여비 지원을 받고 모스크바를 떠나 블라디보스토크를 거쳐 1924년 11월 광저우에 도착했다. 베트남과 지리적으로 가까운데다 이민자도 많았으며 국공합작이 이루어져 있으면서 프랑스 식민권력의 영향력이 닿지 않는 안전지대라는 점에서 반식민지운동의 거점으로 광저우가 선택된 것이었다.

앞서 1924년 6월 19일, 베트남독립운동 단체인 심심사(心心社)의 단원 팜홍타이(Pham Hong Thai, 范鴻泰)가 광저우를 방문한 폴 메흐랭(Paul Merlin) 베트남총독 환영회에서 폭탄을 던졌다. 일본에서부터 총독을 미행해 온 팜홍타이가 사면 조계의 빅토리아호텔에서 열린 환영연에 잠입해 벌인 거사였다. 하지만 불행히도 암살에 실패하고 강물로 뛰어들었다가 익사했는데, 생전에 그는 '월남광복군 의열단' 결성도 준비했었다.

1925년 중산대학에서 개최된 3·1운동 제6회 축하회에 베트남인 세 명이 참석했다는데, 당연히 호치민도 포함되었을 것이다. 7월에 광저우에서 조직된 동방피압박민족연합회에도 호치민이 참여했다. 연합회는 1927년 4월까지 존속했는데, 왕징웨이(汪精衛, 왕정위)·탄핑산 등이 중국측 집행위원이었고, 한국측 대표는 중산대학생인 의열단원 강세우였다. 1926년 3월 1일 혜주회관에서 열린 한국독립선언 7주년 기념식에도 호치민이 베트남혁명청년동지회의 회원 13명을 이끌고 참석했다. 이때 김원봉·김산 등과 분명 상면했을 것이다. 앞서 언급했었지만, 5월 2일에 광저우화교협회 주최로 열린 제국주의반대·항의대회에도 조선 대표와 베트남 대표가 참석했으니, 역시 재회했을 것이다.

 호치민은 1927년 광저우에서 결혼한 후 국민당군의 반공 탄압을 피해 홍콩을 거쳐 블라디보스토크로 피신했고 거기서 모스크바로 들어갔다. 1930년 홍콩에서 베트남공산당(얼마 후 '인도차이나공산당'으로 개명) 창립을 주도한 호치민은 1938년 9월에 모스크바를 떠나 중국으로 가서 구이린(桂林, 계림)에 정착하고 팔로군 판사처에서 기자 생활을 했다. 그해 10월 하순에 우한(武漢, 무한)을 떠난 조선의용대 본부도 12월에 구이린에 정착했으니, 의용대장 김원봉이 호치민과 11년 만에 해후하여 뜨거운 우의를 다시 나누었을 것임을 상상해보기 어렵지 않다.

4 | 쾌조의 북벌 전개

 1926년의 봄과 여름, 북방 군벌세력이 합세해 남방 혁명세력을 압박하는 조짐이 보이면서 형세가 긴박해져 갔다. 이제 북벌 개시는 국면 대전환을 위해서도 미룰 수 없는 일이게 되었다. 마침내 7월 1일, 국민당 중앙군사위 주석 장제스를 총사령으로 한 8개 군 10만 병력의 국민혁명군이 광저우에서 출병을 선언하여 북벌이 개시되었다. 장제스는 총참모장에 제4군장 리지선, 총정치부 주임에 덩옌다(鄧演達, 등연달)를 임명하였고, 리지선은 9월 들어 강서진공군 총사령을 수임했다. 그에 따라 제4군 군장은 장파쿠이(張發奎, 장발규)로 교체되고 예하 12사단이 남아서 광저우 보위를 담당했다.

　북벌군은 각지 주민들의 열렬한 환영과 지원을 받으며 일로 진군해 갔다. 탕성즈(唐生智, 당생지)의 제8군이 후난성 창사를 함락시킴을 시발로 후베이성의 우한 3진을 점령함으로써 우페이푸군을 양자강(揚子江) 북안(北岸)으로 밀어냈다. 쑨촨팡(孫傳芳, 손전방) 지배하의 장시성과 푸젠성도 공략하여, 난창(南昌, 남창)·주장(九江, 구강)과 푸저우(福州, 복주) 완전 점령으로 승전보를 올렸다.

　북벌 개시 후 황포군교 생도들은 교도단에 편입되었다. 10월 4일에 졸업한 4기생들은 임관하자 곧 광저우시 방위와 일선 진공전에 나누어 투입되었다. 김원봉은 군교 정치부로 배속되었다. 일선으로 투입된 사관들은 주로 제4군에, 일부는 청첸(程潛, 정잠)의 제6군과 탕성즈 군에 배속되었다. 1927년 1월 현재의 황포군교 한인 재학생은 180명, 출전자는 80여 명인 것으로 보도되었다.

　한국인 참전자 대부분은 제4군 독립단에 가담하고 일부는 제6군에 속했다. 이준(李儁) 열사의 아들 이용이 제4군 독립단의 포병 영장이 되어 한인 전사 160여 명으로 1개 연을 편성했다. 그는 국망 후 북간도로 망명했고, 한인사회당 적위대 교관을 거쳐 대한국민의회 군사부 총사령관을 지냈다. 1920년 초에 임시정부로부터 동로군 사령관으로 임명된 그는 봉오동전투의 승리에 크게 공헌했고, 러시아로 건너가 사할린의용대(다른 이름은 대한의용군) 부사령관이 되었다. 1921년 '자유시사변' 때 체포되었으나 탈출하고 이만으로 가서 고려혁명의용군을 조직하고 사령관이 되었다. 그 후 연해주 해방전쟁에서 일본군에 맞서 격전을 벌였고 베이거우(北溝)사관학교 교장으로 취임했다. 1925년 모스크바군사학교 포병과에서 교육받던 중에 중국으로 파견

되는 군사고문단에 영입되었고, 광저우로 가서 '이추산(李秋山)'이라는 이명으로 황포군교 정치부 교관이 되었다. 1926년 북벌 개시 후에는 산터우 주재 동로군 총지휘부의 포병대 교관으로 일했는데, 이때 만주의 절친 박영(朴泳)에게 편지를 보내 광저우로 올 것을 권유했다. 그 말을 따라 박영은 부인과 아우 둘을 데리고 남행했다.

이용이 모스크바에서 올 때 동행한 한인 장교 15명 중 4인이 우창(武昌, 무창)공략전에서 지휘부 요원으로 활약했다. 한인 사관들은 탁월한 통솔력과 정치공작 솜씨로 중국 군정 요인들에게 깊은 인상을 남겼고, 어디서나 용전분투하며 앞장서 적군을 격파해냈다.

그런 활약상 중에서도 두드러진 예를 들어보면 이렇다. 모스크바군사학교 기관총과를 나온 김준섭(金俊燮)은 제6군 55단의 기관총연 교관이었는데, 1926년 10월의 제2차 난창공격전 때 러화(樂化, 낙화)에서 전사했다. 복부에 총탄을 맞고 잔디밭에 뉘어진 김준섭은 "혁명은 피를 흘려야 하니 너무 슬퍼하지 말라"고 동지들을 위로하며 숨을 거두었다. 제4군 독립단의 포병연장으로 출전한 강파(姜波)는 난창 공점 후의 보위전 때 기관총으로 쑨촨팡군의 1개 사(師=사단) 병력과 단신 대적하다 딩자교(丁家橋, 정가교)에서 전사했다. 일찍이 윈난(雲南, 운남)강무학교를 졸업하고 광저우로 와서 황포군교 포병과 조교로 봉직했던 이검운(李劍雲, 본명 이철호[李哲浩])은 제6군의 포병연장으로 출전하여 주장에서 쑨촨팡군의 포대를 격파했고, 포위당한 장제스를 구출하여 영장으로 승진하였다. 황포군교 제4기 졸업자인 의열단원 권준은 같은 부대의 부영장이었다. 광저우의 제2군 군관학교 출신인 의열단원 이동화(李東華)는 군장 탄옌카이(譚延闓, 담연개) 휘하의 기관총대 연장이 되어 난징 공략과 후베이성 이창(宜昌, 의창) 공격 때

선봉에서 맹활약했다. 한인 참전자들이 주로 포병연·기관총연에 배치되어 크게 활약한 것은 원체 교육수준이 높고 군사경력도 풍부해서 기술적 수준이 가장 높은 특수병과에 적합했기 때문이다.

  북벌군의 연속 승리에 힘입어 국민당 중앙위원회와 국민정부가 1927년 1월 1일 광저우에서 우창으로 옮겨가 '우한정부'를 성립시켰다. 또한 여세를 몰아 2월에 항저우(杭州, 항주), 3월에는 상하이와 난징을 연달아 점령했다. 불과 9개월 만에 혁명군이 후난·후베이·장시·푸젠·저장·안후이·장쑤 등, 양자강 이남의 7개 성(省) 전역을 석권하는 대승을 거둔 것이다.

III

1927년, 급변침의 정세와 국공분열의 나락

1 | 장제스와 국민당 우파의 배신

 북벌군이 승승장구로 양자강 유역까지 당도하자 환희와 열광이 넘쳐났다. 한인 혁명가들 사이에서는 "화북으로! 그리고 한국으로!"라는 구호가 터져나왔다. 김산의 말처럼 "전 아시아의 자유를 위하여, 제국주의를 타도하기 위하여, 2천만 한국인이 국내에서 만주에서 무기를 잡고 일어서려고 대기하고 있다."고 그들은 생각했다.

 그런데 4월 중순에 돌연히 장제스가 쿠데타를 일으켰다. 그로 인해 국민혁명운동의 행로는 크게 굴절되고 만다. 국민당 좌·우파 간의 분열·상쟁에 뒤이어 국공분리가 초래되고 종국에는 국공대결 사태로 치닫게 되는 것이다. 장제스는 1926년 3월의 '중산함사건'으로 군권 일체를 자신에게 집중시키고 '당무정리안'으로 당권도 장악하여 당내 제1의 실권자로 급속히 부상해갔다. 그가 총지휘한 북벌도 성공적으로 종료되었다. 그러면서도 국민혁명운동의 성공적인 진전은 그해 1월에 출범한 우한정부의 왕징웨이 세력과 도시 노동운동 세력의 급팽창이라는 결과를 가져왔음에 장제스가 심대한 위협감을 느꼈다. 장차의 최상위 권력 장악 가도에, 그리고 열강과의 타협 행보에, 두 세력이 큰 걸림돌이 될 것으로 예상되기 때문이었다. 마침내 장제스는 이들 세력을 타격하고 가능하다면 분쇄까지 해버릴 생각으로, 4월 12일 상하이 총공회와 부속 무장규찰대를 습격함을 시발로 좌파와 노동운동 세력에 대한 대대적인 탄압을 벌여갔다.

 그리하여 4·12 정변 직후 3일 동안에만 300여 명이 피살되고 500

여 명이 체포된 것으로 알려진다. 4월 15일에는 리지선 중심의 우파 군대가 광둥에서 중산대생 300명을 포함한 2천여 명의 공산당원과 노동자들을 체포하고 그 일부는 잔인무도하게 처형하기 시작했다. 동교장(東敎場)에서 18일 공개 처형된 공청원 3명 중에는 16세의 소녀 노동자 뤄류메이(羅劉梅, 나유매)도 있었다. 김산은 그녀에 대한 애도 시로 「동교장의 휴매니티」를 지었다.

4월 18일, 황포군교에서도 좌파 교관들과 5·6기 재학생 4백여 명이 '청당'(淸黨) 명분으로 체포되었다. 한인 생도도 상당수 피체되어, 20명이 육군감옥에 갇혔다가 14명이 조기 처형되었다. 이 무렵 일제 당국이 파악한 바로 광저우의 한인 학생은 총 229명이었다. 그 분포는 황포군교 14명, 교도단 56명, 사하병영 15명, 어주포대(漁珠砲臺) 수비 학생군 36명, 심천요새 14명, 동산 육군병원 20명, 중산대학 57명이었다. 일제 정보망에 노출된 바 의열단의 중앙집행위원은 최림(崔林=김원봉), 김성숙, 최원, 장지락, 이영준 5인이었고, 황포군교 사하 입오생부 교관인 박효삼(朴孝三)·강평국(姜平國) 등 11명의 단원도 포착되었다.

김원봉은 좌파의 본산처럼 되고 있던 군교 정치부 소속이어서 신변 안전이 보장되기 어려웠다. 그래서인지 그는 5월 초에 유자명과 함께 상하이로 급히 가버렸다. 그렇지만 여운형이 바이충시(白崇禧, 백숭희) 군대에 체포되었다가 간신히 탈출해 우한으로 피신해 갔을 정도로 상하이도 상황이 엄혹해져 있었다. 그래서 김원봉은 우창으로 발길을 돌렸다. 거기서 그는 군영(軍營) 소속이거나 중앙군사정치학교 우한분교 재학 중인 의열단 우창지부 단원들의 환영을 받았다.

쿠데타에 성공한 장제스는 4월 18일 난징에서 자파만의 정부를 따로 세웠다. 국민정부가 좌파 우한정부와 우파 난징정부로 분열되기에 이른 것이다. 이에 광저우의 한인들은 우한정부를 지켜내기 위해 서둘러 우한으로 달려갔다. 김성숙, 박건웅(朴建雄), 박영·박근만(朴根萬)·박근수(朴根秀) 3형제를 비롯한 150여 명이 그러했다. 4월 27일 우한에서 중국공산당 제5차 전국대표대회가 개최됨과 무관하지 않을 발걸음이기도 했다. 김산을 비롯한 100명 정도만 좌파의 정권탈환을 돕기 위해 광저우에 남았다.

나중을 위해서도 박영 3형제에 대해 말해두려 한다. 박영은 1887년생으로 '박근성(朴根成)'이 본명인데, 『아리랑』에는 '박진'(일역본은 '朴振', 국역본은 '朴鎭')이라는 다른 이름으로 적혀 나온다. 함경북도 경흥군 아오지가 고향이나 1910년 북간도로 망명한 후 도쿄의 메이지대학(明治大學)을 거쳐 난징의 진링(金陵, 금릉)대학을 다녔다. 귀국 후 봉오동으로 이사해 가 독립군 조직에 참여하고, 이듬해 대한북로독군부(大韓北路督軍府)의 군무부장이 되어 봉오동전투의 승리에 크게 기여했다. 그 후 시베리아로 건너가 하바롭스크에서 한인공산당연합회 회장을 지내면서 백군과의 공방전에 일곱 차례 참여해 최종 승리를 이끌어냈다. 1923년 블라디보스토크에서 극동소비에트의 주석이 되었는데, 이용이 광둥에서 보낸 편지를 받고 부인과 두 아우를 데리고 1926년 12월에 광저우로 왔다. 황포군교 교련부의 보병과와 교도대에서 교관으로 일하다 4·12 정변이 발발하자 우한으로 갔고, 제4군의 광저우행 복귀 때 같이 돌아간다.

『아리랑』 일역본에는 '박진의 아들 박영일(朴英逸)'에게서 역자 안도 지로가 들었다면서 '박진'이란 박영(=박근성)과 동일인이 아니라 박영의 아우인 박근만의 이명이었고 광저우에서 '살해'되었다는 역주가 달렸다 (103쪽). 하지만 『아리랑』 영문판에 박진(Pak Chin)의 'two young brothers'라는 어구가 분명히 나오고, 일역본과 국역본 모두 박진의 '두 동생'을 수차 표기하며, 그 둘이 김산처럼 하이루펑까지 동진했음도 서술되었다. 박영일은 일역본의 초간본이 나오기 4,5년 전쯤(즉 1960~61년경)에 '두 사람'이 살아있다고 말했다는데, 백부 박영과 숙부 박근수가 그렇다는 얘기인 셈이었다. 하지만 '박진'을 자기 부친 박근만과 동일인으로 여기거나 그렇게 보이게끔 하려는 박영일의 '증언'은 여러모로 신빙성이 떨어진다. 국내 학계의 인물연구 결과도 그렇거니와, 『아리랑』의 '박진'은 박근성=박영이었다고 보는 것이 역시 옳겠다고 생각된다.

우한의 중앙군사정치학교에 한인 생도들로 구성된 특별반이 있었는데 대부분 제4군으로 편입되었다. 5월 들어 장제스 군대가 우한으로 진공해오자 군사정치학교의 4천여 생도는 전원 '중앙독립사'로 재편성되어 우한정부 보위전에 나선다. 의열단의 외곽단체 격이던 유악(留鄂; '악'은 후베이성의 별칭)한국혁명청년회의 공개된 회원만도 46명이었는데, 그중에는 우한에 진입한 국민혁명군의 장교, 우한군사정치학교 생도, 우창 중산대학생이 다수였다. 이 한인들도 우한정부 보위전에 같이 나섰을 것임에 의심의 여지가 없다.

2 | 스탈린·코민테른의 선택과 두 좌파의 대응

중국국민당과 국민혁명운동을 적극 지원해 오고 있던 스탈린(J. V. Stalin)은 장제스의 4·12 쿠데타와 중국정세 돌변에 몹시 당황했다. 트로츠키(Leon Trotsky), 지노비에프(G. Y. Zinovyev) 등 당내 경쟁자들로부터의 비판과 질타도 나왔다. 신속한 국면타개를 위해 스탈린은 새 정치노선을 중국공산당에 통보했다. 5월 말의 코민테른 집행위 전체회의에서 통과된 〈중국문제 결의안〉의 요지 5개 항이 인도인 특사 로이(M. N. Roy)를 통해 중공당 중앙으로 급히 보내진 것이다. 이른바 '스탈린의 5월 지시'인데, 농촌지역 중심의 무장투쟁과 봉기를 국민당 좌파의 깃발 아래 벌여갈 것을 강조했다. 그러면서 공산당이 우한정부와 국민당을 완전히 장악해 재개조하고 '반동적' 군 간부들은 모조리 처벌하라는 취지였다. 지금까지의 국공합작을 이제 폐기하라는 말과도 같았다. 180도 방향 전환 격인 이 지시를 중공당 총서기 천두슈(陳獨秀, 진독수)는 도저히 납득할 수가 없어서 반발했다. 중공당원들도 큰 충격을 받았고, 보로딘마저 "무리한 요구요, 어리석은 지시"라고 발언했다.

보로딘의 만류에도 불구하고 로이가 왕징웨이를 포섭코자 '5월 지시'를 보여주었다. 그러자 왕은 오히려 스탈린의 처사에 분개해 분공(分共)을 결심한다. 그리고는 로이에 맞서 국민혁명의 지도권은 국민당에 있다고 선포하고, 애꿎게도 보로딘만 정치고문 직에서 파면한다.

광둥성 싼수이(三水, 삼수) 태생인 왕징웨이는 1910년 청의 마지막 황제 푸이(溥儀, 부의)의 부친 즉 순친왕(醇親王)을 암살하려다 붙잡혀 종신형에 처해졌다가 신해혁명 발발 후 석방되어 영웅으로 떠오른 인물이었다. 그 후로 쑨원의 측근이 되어 총애받았고, 1925년 쑨원 사후 보로딘과 주중 소련대사 카라한(L. Karahan)의 지지를 업고 국민정부 상무위 주석과 군사위 주석에 연거푸 당선되어 쑨원의 '연소용공(聯蘇容共)' 정책을 충실히 이행하였다. 1926년 중산함사건으로 장제스와 불화하여 프랑스로 가버렸다가 1927년 2월에 귀국했는데,

도중에 모스크바를 들러오며 스탈린과 접견하였다. 3월 10일 국민정부 상무위 주석으로 재선출되어 취임하고 용공정책을 유지하면서 장제스파 주도의 반공적 '청당'에 반대해 왔었다.

7월 들어 코민테른 집행위원회는 천두슈를 '기회주의자'로 낙인찍고 중공당 지도부를 개편토록 엄명했다. 이에 장궈타오(張國燾 장국도), 저우언라이, 장타이레이(張太雷, 장태뢰), 리리싼(李立三, 이립삼), 리웨이한(李維漢, 이유한)의 5인으로 중앙정치국 임시상무위가 구성된다. 그러자 스탈린의 긴급명령("국민정부에서 이탈하되 국민당에서는 탈퇴하지 말고, 하층 대중과 긴밀히 연합해 현 지도기관의 교체를 요구하라")이 하달되고, 이에 중공당은 7월 13일 〈현 시국에 대한 선언〉을 발표하여 우한정부를 맹렬히 비난하면서 탈퇴를 선언했다. 국민당 좌파와의 결별이 선포되면서 국공합작이 성립 4년 만에 파탄나는 순간이었다.

7월 15일 천두슈가 1921년 창당 이래 6년간 줄곧 맡아온 총서기 직을 사퇴했다. 당초 그가 반대했으나 코민테른이 밀어붙였기에 참여했던 국공합작의 실패 책임이 자신에게 전가되고 '우경 기회주의자'로 비판받음에서였다. 같은 날 7월 15일에 왕징웨이는 국민당 중앙상무위 확대회의에서 스탈린의 '5월 지시'를 폭로하며 분공을 정식 제의해 그대로 의결되었다. 이어서 국민당 중앙집행위에서 공산주의자들에게 중공당 탈당을 요구하고, 거부하는 자는 직무를 정지시켜 현직에서 축출한다는 결의안을 통과시켰다. '용공'은 그렇게 포기하되 '연소'는 유지하려는 의도로 왕징웨이는 그 결의를 공개하지 않다가 열흘 후 7월 26일에야 발표한다.

그런 후 우한의 국민당 간부들은 왕징웨이 중심으로 결속하고 장제스 세력과의 다가올 경쟁에 대비하였다. '왕파'는 민중운동 부조와 반제노선 이행을 정책기조로 고수한 점에서 '장파'와 달랐다. 왕파는 우한 좌파의 후계자를 자임하고 정식으로 '좌파'를 자처했지만 중공당과는 명확히 선을 긋는 입장으로 나아갔다. 그런 왕파는 광저우에 중앙당부를 다시 세운다는 계획으로 9월 중순부터 우창을 떠나 광저우로 이동해 갔다. 우한정부 보위를 책임지고 있던 제4집단군 제2방면군(총사령 장파쿠이)도 이미 8월부터 광저우로 이동 중이었다.

이보다 한 달여 앞서 6월 27일에 왕파의 제8군장 탕성즈가 난징 공격을 결정하고, 7월 17일 장시성 주장에 총사령부를 설치하여 장제스군 격파를 위한 동정에 나섰다. 그러면서 우한군정학교의 4천 명 생도로 구성되어 있던 중앙독립사가 '군관교도단'으로 개편된다. 단장직은 광둥성 메이현(梅縣, 매현) 출신으로 공산당 비밀당원인 예젠잉(葉劍英, 섭검영)이 자진해 맡았다. 1924년 황포군교 교수부 부주임이었고 북벌 개시 때 장제스 직계의 제1군 제2사 사장이 되었던 그는 1927년 들어 반장(反蔣) 노선으로 돌아서고 우한정부에 합류했다. 그후 장파쿠이의 제4군 참모장으로 임명되었고, 그 직후 7월에 공산당에 가입했다. 그때 그는 중앙독립사를 군관교도단으로 재편할 것과 본인이 단장직을 맡겠음을 장파쿠이에게 건의해 승인받았다. 그래서 7월 21일에 독립사 병력 1천 7백 명이 제4군 군관교도단으로 개편된 것인데, 이 부대는 공산당 무력으로 급속 전화해가더니 종국에는 반국민당 봉기군의 주력으로 삼아진다.

한편, 코민테른에서는 7월 23일 비사리온 로미나제(B. Lominadse)와 하인츠 노이만(H. Neumann)을 새 대표로 지명해 중국으로 들여보내고 보로딘은 소환했다. 동시에 코민테른은 천두슈 총서기

체제의 중공당 집행부가 '우경 기회주의적 중대 착오'를 저질렀다고 맹비난하면서 임시 당대회 소집을 요구했다. 이것이 8월 7일의 긴급회의로 이어졌고, 여기서 천두슈의 총서기직 박탈이 정식으로 결정된다. 에드거 스노에 따르면, 이는 1926년 스탈린이 코민테른 집행위원회의 주도권을 지노비에프에게서 빼앗고 자기 멋대로 운용하면서 지시를 남발했음과 동일 궤적의 일이었다. 게다가 로미나제와 노이만은 스탈린의 모순되는 지시에 맹종하면서 그의 대리인 역할을 해내는 데만 급급했다. 특히 중국어를 전혀 못 하는 후자는 나중의 광저우봉기 때도 독단적 결정을 막무가내로 고집하며 밀어붙여, 결과적으로 봉기 대오의 희생을 너무도 키워버린다.

아무튼 중공당 임시 중앙상무위에서는 7월 25일 '국민당 혁명위원회' 명의로 난창봉기를 결정하고, 당 군사위 책임자 저우언라이를 봉기 지도자로 선출했다. 한커우를 떠나 귀국하기 직전이던 보로딘과 소련인 군사고문 갈렌(Galen; 본명은 바실리 블류헤르)도 봉기에 찬동했다. 이틀 후 저우언라이가 난창에 도착해, 리리싼·윈다이잉(惲代英, 운대영)·펑파이(彭湃, 팽배)와 더불어 전적(前敵)위원회를 구성하고 서기직을 맡는다.

난창봉기 계획의 연락을 받은 제20군 군장 허룽(賀龍, 하룡; 이때는 공산당원이 아니었음)과 제11군 부군장 겸 24사단장 예팅은 도합 10개 단의 휘하 병력 근 5천 명을 이끌고 7월 31일 우창을 떠나 기선과 목선으로 양쯔강을 내려가는 남행길에 나섰다. 직속상관 장파쿠이로부터 장제스 토벌을 위한 동정군 총사령부가 설치된 주장으로 부대를 이끌고 가 출정 태세를 갖추라는 명령을 받아서였다. 하지만 두 사람의 머릿속에는 남하 후 광둥성을 탈환하여 장래 혁명운동의 기지로 삼겠다는 포석이 가득했다. 이를 눈치챈 왕징웨이가 장파쿠이를 시켜 허룽·예팅과 예젠잉을 여산(廬山)으로 오도록 유인했다. 3인은 이를 회피하고 난창으로 직행했다. 거기서 제4군 25사 73여단장 저우스디 (周土第, 주사제)의 2개 연대와 차이딩카이(蔡廷鍇, 채정개)의 제11군 10사단이 합세하니 2만 명 이상의 병력이 되었다. 이때 허룽과 예팅의 부대에 한인 사관들이 더러 있었으며, 김원봉과 성준용(成駿用; 성주식[成周寔]의 이명)도 우한에서 삿갓 쓰고 짚신 신고 난창으로 갔다는 얘기가 있다.

3 | 홍군의 난창봉기와 광둥행 남하

8월 1일 새벽 2시, 계획된 무장봉기를 중공당이 난창에서 일으켰다. 봉기군은 붉은 스카프를 목에 돌려매고 팔에는 흰 수건을 동여맸다. 손전등에는 적십자를 새겼다. 아군끼리 쉽게 식별토록 하기 위해서였다.

시초에는 2만 명 봉기군이 국민당군을 격퇴하여 3시간 만에 상황이 종료되었다. 하지만 반격해온 국민당군에 밀리면서 봉기는 실패로 귀결되어버렸다. 봉기군은 갈렌이 우한에서 세워준 계획대로, 난창에서 즉시 남동진해 산터우를 점령하고 소련 군함의 지원을 받으면서 동강지구로 나아가기로 했다. 그리하여 허룽이 제2방면군 총사령 겸 제20군장, 예팅이 전적 총지휘관 겸 제11군장이 되어 8월 3일부터 기선을 타고 남하하기 시작했다.

군관교도단도 제2방면군 제4군 교도단으로 개칭되고 남행을 같이

했다. 교도단은 보병 3개 영과 총 9개의 포병연·공병연·경위연 및 여학생대를 합쳐 도합 1,600명으로 구성되었다. 그중 한인 교도단원은 우한군사정치학교 5기 재학생과 6기 입오생 해 80~90명이었던 것으로 추산된다. 광둥에서 우한으로 갔던 이용·김성숙·박영 등 조선혁명자 150여 명도 대부분 교도단에 편입되어, 제2영 제5연과 포병연 소속이 되었다. 그리하여 김성숙이 제5연의 공산당 조직 책임자, 박영은 포병연 지휘관이 되었다. 이들은 산중의 혹서와 식량부족으로 극심한 고통을 겪는 천리 길의 행군 끝에 장시성을 통과하여 10월 중순에 광저우로 들어갔다. 우선은 시 북쪽 관음산(觀音山)과 황화강(黃花崗) 사이의 북교장 아래에 위치한 사표영(四標營)을 본부로 삼았다.

난창봉기 실패 후 중공당 중앙정치국 상무위에서는 8월 7일 긴급회의를 열어, 천두슈의 총서기직 해임을 의결하고 강경파 취추바이를 후임자로 뽑았다. 이어서 중앙남방국이 설치되고 장궈타오가 서기, 장타이레이가 광둥성위 서기로 임명되었다. 이로부터 취추바이 체제의 7인 지도위원회는 스탈린의 '이중정책'에 의해 조종되다시피 하는 무장봉기 노선을 밀고 나갔고, 천두슈는 이를 맹동주의적 '과화'(過火)라고 계속해서 비판한다.

8월 8일, 공산당 간부들에 대한 우한정부의 체포·처형령이 발동되고, 장제스도 왕징웨이의 요구대로 국민혁명군 총사령직 하야를 8월 14일에 성명했다. 이에 우한정부가 난징으로 이전하는 '영한(寧漢)합류'가 이루어져, 두 정부가 합병하고 '난징 국민정부'로 호칭되기 시작했다. 하지만 얼마 안 가 9월에 영한전쟁이 발발하고 광서계 군벌과 서산회의파가 승리하니, 왕징웨이는 하야하고 10월에 광저우로 옮겨가 난징정부를 부정한다.

그 와중의 8월 하순에 공산군이 장시성 루이진(瑞金, 서금)과 후이창(會昌, 회창) 점령에 성공했다. 여세를 몰아 저우언라이·허룽·예팅·류보청(劉伯承, 유백승) 등이 주력군을 이끌고 광둥성 동부로 진격해 차오저우와 산터우를 9월 하순에 점령할 수 있었다. 하지만 이때의 잔존 병력은 중도 이탈과 전사로 인해 1,200명뿐이었고, 산터우로 들어간 병력은 800명에 불과했다. 9월 26일, 공산군 일부 병력이 제양으로 진격했으나 국민당군에 밀리고 산터우 쪽 후방도 막혀버린다. 이에 공산군 전적위에서 산터우를 포기하고 푸닝과 하이루펑 방면으로 후퇴키로 결정하여 그대로 이행된다.

그러는 사이 9월 9일에 마오쩌둥(毛澤東, 모택동) 등의 주장대로 후난·후베이·장시·광둥 4성에서 중공당 지도하의 추수폭동이 감행되었다. 하지만 로미나제가 '군사모험주의'에 반대했다시피, 국민당군의 진압으로 모두 실패로 돌아가고 말았다. 장시성에 남아있던 주더(朱德, 주덕)와 천이(陳毅, 진의)는 후속 남하를 포기한 채 800명 생존자를 데리고 정강산(井岡山)으로 들어가 마오쩌둥과 합류하여 홍군기지 조성에 착수했다.

상황이 이러함에도 중공당 광둥성위는 광저우에서 봉기를 일으켜 리지선 군대를 내쫓고 도시를 장악키로 결정했다. 이에 장타이레이가 광둥으로 밀행하여 당 조직과 당원들에게 무장봉기 준비를 촉구했다. 그것은 하이루펑에서 펑파이가 중국 최초의 농민소비에트를 결성해 냈음에 고무된 때문이기도 했다.

4 | 펑파이와 하이루펑 소비에트

펑파이는 1896년 하이펑에서 대지주이자 부상(富商)인 펑신(彭辛, 팽신)의 아들로 태어났다. 1917년 일본으로 유학 가 와세다(早稻田)대학 정치경제과에 입학해 다니고, 1921년 학업을 마치자 다량의 사회주의 문헌을 들고 귀향했다. 곧이어 중국사회주의청년단에 가입한 그는 고향에서 사회주의연구사(社)와 노동자동정회를 창립했고, 천중밍의 호의 어린 초빙으로 하이펑현청의 교육국장이 되었기에 교육을 사회혁명의 도구로 삼으려 했다. 하지만 그 꿈이 허황함을 얼마 안 가 절감했다. 이에 펑파이는 농민운동에 의한 사회혁명의 결의를 굳히고 1922년부터 농촌으로 들어가 농민들과 접촉하며 조직화 시도에 나섰다.

일반 지식인들은 분산적인 농민을 조직한다는 것이 불가능에 가깝다고들 생각했다. 하지만 펑파이는 그 통념이 탁상공론에 불과함을 실증해냈다. 처음에는 마을 안의 '6인 농회(農會)'에서 출발했으나 불과 반년 만에 약 2만 명, 가족까지 합하면 거의 10만 명을 혁명적 인텔리와 다수 농민의 결합인 농회로 조직해내는 경이로운 성공을 거둔 것이다. 이윽고 1923년 1월 1일 하이펑 총농회 성립대회가 열리더니 급성장하여, 후이저우농민연합회로, 광둥성농회로 발전적 개편을 해나갔다. 그 후의 광둥성 및 후난성 농민운동, 나아가 전 중국 농민운동의 원형을 창시한 셈이었다. 그러면서 펑파이는 농민운동 종사자의 필독서가 될 『하이루펑 농민운동』을 저술했고, 1922년의 중공당 2전대회에서 중앙위원으로 피선되었다. 중국에서의 근대적 농민운동은 이처럼 광둥성에서 시작되었고, 하이루펑의 농민운동을 기점으로 한다.

　당시의 광둥 농촌은 신흥 지배계층에 의한 토지겸병이 대대적으로 진행되고 있었고 소작료 징수가 한층 더 가혹해졌다. 잊을 만하면 터지는 대소 전쟁으로 각종 군비의 징발도 끊이질 않았다. 광둥성은 대부분 논농사 지대로 노동집약적이고 생산력이 높아, 일꾼 고용 방식보다 소작농 방식이 농지경영에 더 유리했다. 그래서 자작 소농 중심의 공동체적 성격이 강한 북쪽의 농촌지대와 달리 계층분화가 활발하여 지주-소작 관계가 점점 강화되어 온 터였다. 하이펑에서도 자작농은 소작농으로, 소작농은 품삯 받는 고농(雇農)으로 전락하거나 실업하여, 멀리 남양·홍콩·광저우 등지로 이농해가고 심지어 토비가 되기도 하였다. 신해혁명 전에는 촌락당 자작농이 평균 10호였으나 1922년경에는 2~3호로 감소했는데, 주된 원인은 농업의 상업화와 매점매석 상인들의 망동이었다. 그러면서 지주·관료층과 빈농층의 대립이 첨예해져 갔다. 그 결과, 광둥성에서는 촌락 대 외부권력(군벌 혹은 국가)의 투쟁보다 지주 대 농민의 투쟁이 농민운동의 주축을 이루었다. 농민의 투쟁은 현실적인 경제적·신분적 해방을 목표로 했고, 그 목표와 대상은 합법적 경로를 통한 농민의 결집을 요구하게끔 되었다. 펑파이는 정확히 그 요구에 부응하여 움직여간 것이다.

　성장을 거듭해간 농회는 상호탈경(相互奪耕: 농민들이 서로 소작지를 빼앗음)과 가조역전(加租易佃: 지주가 소작료를 올릴 목적으로 소작인을 바꿔버림) 관습을 폐지하려는 투쟁을 벌였다. 농민들 사이의 분쟁은 모두 농회에서 해결토록 했고, 각종 농산물의 시장관리권도 토호나 향신층(鄕紳層)으로부터 박탈해 그 수입으로 농민용 약방을 개업하거나 농민학교를 개설했다. 농회 조직이 아직 견고하지 못했을 때는 농민들에게

'감조'(減租)·'잡조 폐지' 등의 슬로건을 강조하는 한편으로, 대외적으로는 '농업개량'·'농민의 지식 증대'·'자선사업' 등을 역설했다.

1923년 하이펑농회가 본격적인 감조투쟁을 전개하여, 최소한 7할 감조, 즉 최대 3할만의 납조를 결정하고 전현(全縣) 대표대회의 표결에 붙여 정식 채택했다. 그 결과, 현 인구의 약 반수에 달하는 40만 명이 농회로 집결했다. 1923년 7월 4일 농민들이 전현 농민대회를 개최하니, 지주 측이 무장세력 300여 명을 동원하여 이튿날 아침 농회 본부를 습격했다. 이 사태로 펑파이 등 10여 인만 겨우 탈출하고 25인이 붙잡혀갔으며, 농회는 강제 해산되어버렸다. 펑파이가 백방으로 호소하며 힘을 쏟았지만, 처음에는 그를 지원했던 천중밍의 돌변 탄압과 지주계급의 맹렬한 반격으로 하이펑농회는 당분간 지하활동으로 명맥을 유지할 수밖에 없게 되었다.

하지만 쑨원의 국민혁명운동이 점점 더 호응을 얻고 세력을 키워가면서 급기야 국공합작까지 성사시켜 '공농부조'를 내세우니 상황은 반전하였다. 특히나 광둥성에서 천중밍과 대립하던 국민당 정부로서는 농민 획득이 우선적인 과제가 되었고, 그래서 농민의 최유력 지원자로 등장한다. 그리하여 국공합작으로 개조된 국민당의 광둥성 정부가 농회 조직을 추진할 정도가 되자 국면 전환이 자연스레 이루어져 갔다. 1924년 1월의 제1차 전국대표대회 선언문에서 국민당은 "노농을 위해 투쟁할 것"임을 명기했다. 〈농민운동에 대한 광둥정부의 제1차 선언〉에서는 16세 이상 농민이 가입하는 독립단체일 농민협회와 정부 감독 하 농민자위군을 향·구 단위에서부터 조직할 것을 촉구했다. 각 현에서 농민협회 조직을 원조토록 광둥성장 공서(公署)의 훈령이 나오기도 했다.

이렇게 바뀌어 간 분위기 속에서 펑파이는 1924년 4월 공산당에 가입하고, 6월 들어 국민당 중앙에 농민부가 설치되니 탄핑산 부장 휘하의 서기가 되어 일하며 각지 특파원 양성을 위한 농민운동강습소를 설립했다. 그리고 강습소의 제1기와 제5기의 주임 및 핵심교원 역할을 수행했다. 1년 후 1925년 5월 1일 발표된 〈광둥전성농민협회 제1회 대표대회 선언〉은 다음과 같이 통렬히 지적했다. "농민들이 받는 경제적 고통 중에 가장 극심한 것은 고리대이다. 보통 3할의 금리에 심할 때는 6할을 요구한다. 부채자환(父債子還: 아비가 진 빚을 아들이 갚음)도 성행하여 농민의 파산을 촉진한다. 그 다음으로 나쁜 것이 전당포의 중리박탈(重利剝奪: 이자에 또 이자를 붙여 빼앗아 먹음)이고, 셋째는 매판독점 상인들의 농간, 넷째는 중과세 및 불법징수이다. 소작료는 적어도 '소4 지6'제이고, 선납제이거나 계약시 소작보증금을 납부하는 사례도 비일비재하다. 그 밖의 잡세도 광둥대학비, 군비, 북벌비, 자치비, 보안대비, 유격비, 민단비, 보위단비, 자위총국비 등 30여 종이나 된다."

여기서 언급되는 '민단'이란 본래 종족주의와 공동체적 규제를 위해 설립되었는데, 농민운동이 발전하자 지주·향신의 무력으로 변신했다. 농민운동을 지지하고 직접 지원도 하는 국민당군의 위력이 지주·향신층에 무언의 위협으로 작용함에 대한 반작용이었다. 어쨌든 국민당 정부의 농민운동은 사실상 중공당 광둥성위의 운동이었고, 농민운동 특파원의 99%가 중공당원이었다. 그런데도 중공당 중앙은 농민문제에 대한 인식이 얕고 농민운동에 대해 다분히 소극적인 태도를 취하였다. 농민협회더러 감조운동의 실행을 경솔하게 결의하지 말라고 제지하기도 했다. 그러다 북벌군이 우한에 진출한 후인 1926년 10월의 국민당 중앙연석회의에서 비로소 감조('소작료 25% 인하')가 정강으로 결정되었다. 그 후로 농민운동에 대한 중공당의 관점과 입장은 우익기회주의 노선과 좌익모험주의 노선 사이를 유동하며 자주 변해간다.

아무튼 광둥성 농민협회가 성립된 후에는 상무위원 3인(펑파이 포함)이 전성을 7개 구로 나누어 농민운동 지도를 담당하였다. 그 얼마 후 발생한 1925년의 5·30사건은 중국민중의 반제투쟁에서 중대한 분기점을 이루면서 중남부지역의 농민운동을 촉진하는 계기도 되었다. 1925년 10월의 제2차 동정으로 동강 유역이 천중밍세력으로부터 해방되면서 하이루펑의 농민운동은 다시 고조되었다. 국민혁명군이 군벌 일소를 위해 거병했을 때 노동자와 농민들은 물자 수송, 길 안내로부터 직접봉기에 이르기까지 전면적인 원조를 마다하지 않았다.

1927년 벽두에 우한 국민정부가 수립되자 펑파이는 우한으로 가서 마오쩌둥과 함께 중화전국농민협회 임시집행위원회를 결성하고 비서장이 되었다. 국공분열 후 중공당 요인들이 우한을 떠나자 그도 난창으로 가서 전적위원회에 참가하고 8월 1일 난창봉기 지도의 일익을 담당하였다. 그 후 열린 중공당의 8·7회의에서 임시중앙정치국 위원 및 남방국 위원으로 거푸 선출되어 귀향하고 추수폭동을 기도했다. 그러나 두 번 다 실패하고 말았다.

교도단과 함께 남하하여 광저우에 도착한 펑파이는 하이펑으로 돌아가 중공당 동강특위 서기가 되었다. 그리고는 10월 30일 쯔진현(紫金縣, 자금현) 중동촌(中洞村)으로 가서, 거기 들어와 있는 남하 중공군 병력으로 공농홍군 제2사를 조직하고 하이루펑에서 세 번째의 추수폭동을 일으켜 하이루펑·후이양·쯔진 점령에 성공했다. 여세를 몰아 그는 11월 중순에 하이루펑에서 노농병 소비에트를 수립하고 그

대표대회를 개최했다. 곧이어 하이펑·루펑현 전체와 후이라이(惠來, 혜래)·푸닝현의 일부 지역을 소비에트 구역으로 삼고, 토지몰수안을 통과시켜 토지혁명에 착수했다. 하이펑의 토지 80%, 루펑의 토지 40%를 몰수하며, 대지주만 아니라 중농의 토지도 몰수한다는, 다소 과격한 방침으로였다. 그렇게 그는 중공당 농민운동의 개척자요 동강 혁명근거지의 창시자였으며, 중국 최초의 소비에트정권을 하이루펑 일대에서 만들어낸 주인공이기도 했다.

5 | 두 세력과 세 정파의 긴박한 움직임

국공분열과 더불어 지도부가 일신된 중공당은 계속해서 급진노선으로 치달았다. 정세 급전이 그렇게 만든 측면이 있지만, 스탈린과 코민테른의 입김에 휘둘린 바도 컸다. 장타이레이가 소집해 9월 20일 홍콩에서 열린 광둥성위 회의에서는 광저우와 성내 각 현에서 '폭동'을 벌이기로 결정하고, 3개 지구의(광저우, 동강, 차우산이었던 듯함) 폭동위원회를 조직했다. 이어서 10월 15일 홍콩에서 열린 중공중앙 남방국과 광둥성위 연석회의에서 10개 항의 행동계획이 제출되었다. 공농혁명군 조직, 홍기 채택, 토지혁명 확대, 정권 건립 등을 포함해서였다. 남방국 예하에 혁명군사위원회도 설치키로 하였다.

그 반대편의 국민당계 군벌들 간에는 패권 다툼과 이중·삼중의 내분이 격화되어 갔다. 우한에서 돌아와 9월 중순 광둥에 도착한 장파쿠이의 제2방면군은 동강 지역으로 진출해 주둔했다. 그런 한편으로 왕파의 국민당 총정치부장 천궁보(陳公博, 진공박)가 장파쿠이 휘하의 황지샹(黃祺翔, 황기상)을 부추기고 그의 군대를 동원하여, 제8로군 총사령 리지선 세력을 몰아내고 광저우를 장악해버린다.

이에 장파쿠이는 자신의 군권을 황지샹에게 넘겨주는 대신, 본인은 군사위원회 주석이 되려 했다. 하지만 제5군 군장 리푸린 등의 광서계 군벌과 천밍수(陳銘樞, 진명추)·천지탕(陳濟棠, 진제당) 등 광동계 장군 일부의 격한 반대로 성사되지 못하였다. 천밍수와 천지탕은 북벌 초기 리지선 휘하의 제4군 10사단장과 11사단장이었다. 게다가 천밍수는 우한이 북벌군 손에 들어온 후 제11군 군장 겸 우한위수사령관을 지냈고, 장제스에 대한 충성심을 한결같이 견지했다.

얼마 후 11월 17일, 장파쿠이와 황지샹이 손을 잡고 리푸린 등 광서계 군벌의 광동 지반을 탈취할 목적으로 광저우에서 쿠데타를 일으켰다('장황사변'). 이 돌연한 공격에 맞서 광서계 군벌들이 광저우를 협공키로 하여, 천밍수 부대가 산터우에서 광저우로 진격해갔다. 그와 같은 파의 황샤오훙(黃紹竑, 황소굉) 부대도 광시성 우저우(梧州)에 집결해 광저우 진공 기회를 노렸다.

다급해진 장파쿠이는 황지샹을 제4군장으로 임명해 '호당군(護黨軍) 전적 총지휘' 직함을 부여하고, 휘하 병력 대부분을 광저우에서 우저우로 이동시켜 황샤오훙 부대와 대적케 했다. 동시에 25사의 리한흔(李漢魂, 이한혼) 부대로 하여금 동강과 차오산지구로 쳐들어가 천밍수·천지탕군을 공략토록 했다. 이로 인해 장파쿠이 휘하의 광저우 병력은 5천 명 남짓만 남게 되어 커다란 군사적 공백이 생겨났다.

이것은 중공당이 예비하는 무장봉기에 매우 유리한 조건이 되어주는 것이었다. 중공당 중앙은 11월 17일부터 24일까지 상하이에서 임시정치국 확대회의를 개최하여, 난창봉기 실행에 미적거렸다는 이유로 탄핑산의 당적을 박탈하고 장궈타오를 중앙위원회에서 물러나게 했다. 마오쩌둥도 후난성 추수봉기 실패의 책임을 지고 정치국에서 해임되었다. 동시에 8.7회의에서의 기본노선—토지혁명, 유격전 무장투쟁, 소비에트 건립—을 재확인, 천명하고 폭동계획을 결정지었다. 광둥성위가 무장봉기를 발동 확대하여 도시와 농촌에서 공히 '공농민주정권'을 건립토록 지시한 것이다.

광둥성위도 이의 없이 광저우에서 봉기해 정권을 쟁취키로 결정하고, 6개 준비사업을 논의해 확정지었다. 그리고는 공·농·병이 같이 일어나 군벌전쟁을 혁명전쟁으로 바꿔내고 정권을 탈취하며 광저우소비에트를 위해 싸우자는 주지의 〈폭동호소선언〉을 11월 28일에 발표한다. 그러면서 봉기일을 보름 후인 12월 13일로 내정했다. 그동안에 혁명군사위를 조직해 영도기구로 만들고, 봉기 실행 후에는 장타이레이가 이끄는 총지휘부로 행동위원회를 세울 것도 결정했다.

12월 4일 저녁, 제4군 군관교도단의 중공당 조직에서 200여 명의 당원과 적극 호응자들을 소집해 황포강변 모처에서 비밀회의를 열었다. 여기에 양달부(梁達夫)·이빈(李彬)·김성숙·이용·김은혁 등, 수십 명의 조선인 당원도 참가했다. 이 회의가 있은 후 군관교도단은 기관총 등의 신무기를 갖추고 2천여 명으로 증원했다. 12월 9일에는 예팅이 영한중로(寧漢中路, 현 북경로) 부근 우산시장 안의 어느 잡화점 2층에서 봉기 총지휘부의 참모단 회의를 주재하면서 작전행동 및 역량배치 계획과 전투임무를 선포했다.

광둥성 후이양 출신인 1897년생 예팅은 용맹하기로 이름난 군인이었다. 광둥 대원수부의 경위단 제2영 영장이던 1922년, 월군 총사령

천중밍이 총통부를 공격해 올 때 반군과 교전하며 쑨원의 부인 쑹칭링(宋慶齡, 송경령)을 끝까지 엄호하고 탈출케 하여 유명해졌다. 1924년 모스크바로 가서 동방노력자공산대학에서 수학하고 1925년 9월 귀국한 그는 국민혁명군 제4군의 독립단 창설에 참가하고 초대 단장이 되었다. 북벌전 때의 연전연승으로 독립단은 '제4군의 철기군' 칭호를 얻고 그는 '북벌 명장'으로 이름을 떨쳤다. 국공분열 직후의 난창봉기를 지휘했으나 실패하자 홍콩을 거쳐 광저우로 들어와 있었다.

그 사이 12월 2일에 국민당 난징정부에서 장파쿠이·황지샹 토벌령을 내리고 속히 소탕토록 명하니, 리지선이 천밍수를 동로군 총지휘관으로 임명했다. 또한 난징 우파의 회유와 압력에 굴복한 왕징웨이는 장파쿠이에게 연락해 공산당 봉기를 파괴토록 지령했다. 이는 봉기준비 세력이 홍콩으로부터 무기를 밀반입해 시내 모처의 미곡점에 감추어두고 있음을 교도단 내의 누군가가 밀보해버린 때문이기도 했다.

장파쿠이는 12월 10일 광저우 일원에 계엄령을 선포하고, 교도단·경위대의 해산을 명하며 우저우에서 광저우로 회군했다. 요컨대 리지선·리푸린·천밍수·천지탕·황샤오훙이 국민당 우파 쪽에, 왕징웨이·장파쿠이·황지샹이 당내 좌파에 서 있으면서 상쟁하다 결국은 공산당 타도로 이해관계가 모아져 행동방침의 통일을 보게 된 것이다.

국민당계 군벌들의 동향에 관해 이러한 정보가 입수되자 공산당은 봉기 시점을 앞당기기로 했다. 그래서 12월 10일 밤 7시에 급히 군사위 회의를 개최하고 변경계획을 시달했다. 봉기 시점은 11일 새벽 3시 30분으로 이틀 앞당기고, 야간의 보통구령은 '폭동', 특별구령은 '정권탈취'로 하며, 봉기군은 붉은 천을 목에 매고 끝을 늘어뜨려 서로 분별토록 했다. 광저우시 장악을 위한 공산당의 봉기가 실행되면 또 하나의 역사적 드라마가 펼쳐질 것이었다.

그날 밤, 20명의 한국인도 김산의 숙소에서 비밀집회를 가졌다. 그 결과로, 광저우의 한국인 중에서 원주민이던 10명의 남자와 4명의 부인네만 빼고 200명가량이('250여 명'이었다는 설도 있음) 봉기에 참가하게 된다.

IV

광저우봉기 발발과
실패의 전말

1 | 봉기 결행과 임무 분담

앞서 말한 12월 10일 밤의 비밀집회 후, 김산·오성륜·양달부는 사 표영의 제4군 교도단 사령부로 달려가 담을 넘어 들어갔다. 이튿날 오전 2시경에 군관교도단 전체 성원이 집합하니 근 2천 명에 이르렀다. 그중 한국인은 70명이었다.

이 자리에서 김산은 장타이레이, 예팅, 저우원영(周文雍, 주문옹), 윈다이윙, 양인(楊殷, 양은), 네룽전(聶榮臻, 섭영진), 수광잉(徐光英, 서광영) 등과 상면했고, 큰 식당에서 전원의 선서 대회가 열렸다. 150여 명의 한인 용사들도 동석했다.

새벽 3시 30분이 되자, 장타이레이를 수령으로 하는 총지휘부가 무장봉기를 발동하면서 15개 항의 행동강령을 발포했다. 교도단, 경위단, 광저우 공인적위대, 근교의 농민 무장대오 등 5~6천 인이 처음에 참가하고, 이후 공·농·병·청년 약 2만 명으로 늘어난다. 공농홍군 총사령은 예팅, 부사령은 예젠잉이었다. 그리고 교도단 당위 서기인 예용(葉鏞, 섭용)이 리윈펑(李云鵬, 이운붕)의 뒤를 잇는 교도단 신임 사령으로 임명받았다.

경위단은 11월 17일의 쿠데타로 장파쿠이가 광서계 군벌을 축출한 후 1,200여 명으로 성립해 있었다. 단장은 공산당원 량빙슈(梁秉樞, 양병추)였고, 전체 3개 영으로 구성되었다. 제1영은 제4군 본부의 특무영을 재편한 것으로, 장파쿠이의 심복이 영장이었다. 제2영은 장파쿠이가 리지선의 제8로군 특무영을 접수하여 재편성한 것이었다. 제3영만 성항파업 노동자 중에서 선발된 300명 위주로 새로

이 편성된 단위였는데, 중공당원이 영장이고 광저우봉기 때 주력부대가 되었다.

봉기 전야에 임명받은 한인 지휘관과 군사기술 간부도 여러 명이었다. 만주에서 대한의용군 중대장 김홍일(金弘壹)의 부관이었고 모스크바군사학교를 나온 양달부가 예팅의 군사참모가 되어, 봉기책임자 5인에 속했다. 이용은 예용의 정치·군사고문이 되어, 교도단의 참모장 역할을 맡았다. 그밖에 포병지휘관 겸 북로경계 책임자가 될 이빈, 황포군교 특무영의 제2연장이 된 최용건(崔庸健), 교도단 제2영 제5연장 박영, 그 제5연의 당위원회 책임자이고 봉기 발발 후 꼬뮨의 '숙반(肅反)위원회'(반혁명분자 숙청위원회) 위원이 되는 김성숙 등이 있었다.

오성륜은 장파쿠이·천궁보 체포 임무를 띠는 분견대장이 되었고, 황포군교 4기 출신 박건웅도 다른 특별 임무를 맡는 분견대장이 되었다. 김산은 예팅의 비서이면서 양달부의 통역도 맡아 했고, 봉기 첫날 노농무장부에서 무기를 배급하는가 하면 구호대의 일원도 되는 등, 1인 다역을 분주히 수행한다. 1905년생으로 김산과 동갑이던 이빈은 소년 시절이던 1920년에 대한민국 임시정부의 의주(義州) 선전원으로 파송된 바 있다. 중국으로 건너와 1925년 황포군교 3기 입오생으로 두 차례의 동정에 참여하여 승리를 맛본 후 6월의 반제국주의 시위에도 참여했다. 1926년 1월 졸업 후 제4기 정치과의 구대장 겸 교관으로 근무하고 있었다.

2 | 봉기 제1일의 총공격 상황

 행동 개시와 더불어 봉기군은 12월 11일 새벽에 유신로 중앙공원 부근의 광저우시 공안국과 위수사령부, 광둥성 정부 및 국민당부, 전보국, 우정국, 기차역 등의 주요 기관을 연이어 기습해 점령에 성공했다. 교도단 제1영 제1연이 예용과 이용의 지휘로 공안국 건물을 공격했고, 공인적위대도 저우원영의 영솔하에 달려와 협력하며 집게 모양으로 포위했다. 공안국에서 장갑차를 동원하고 기관총 사격을 해왔는데, 교도단의 화공에 이어 적위대가 돌격해 담벼락을 타 넘고 수류탄을 던지면서 구내로 진입해 완전히 제압하였다. 그렇게 하여 1천여 명 경찰의 항복을 받고, 투옥 중인 당원과 혁명참가자 800여 명을 구출해냈다. 그중에는 한인 6명을 포함한 황포군교 5기생도 200여 명있었다. 3천여 정의 총기도 노획하였다.
 그 직후 공안국 대원(大院)의 북루(北樓)에서 소비에트(蘇維埃, 소유애) 정부와 공농홍군 총사령부를 성립시켰다. 이 정부를 지지한 대중들의 광범위한 결집을 일컬어 꼬뮨(commune)의 중국어 표현을 써서 '광저우공사(廣州公社)'라 했다.
 남루에는 교도단 제1영 제1연이 맡기로 한 경위연 본부가 두어졌다. 긴급구호대도 공안국 내에 같이 있게 했다. 다만 홍군 편도처(編導處)는 공안국 맞은편의 보안대 둔영(屯營)에 있도록 했다.
 오전 9시에 소비에트정부 위원 선출을 위한 대중집회가 3만 명의 운집으로 열렸다. 대부분 노동자이고 학생도 많이 참석하였다. 거기서 군사·노동·토지·외교·경제·사법·숙반의 7개 위원회와 재정처·비서처·홍군편도처 등으로 소비에트집행부가 구성되고, 11명의 위원이 선출되었다. 의장에는 성항파업 지도자였고 중공당 임시중앙정치국 위원이기도 한 1885년생 쑤자오정이 선출되었다. 하지만 그가 봉기에 합세할 농민군을 조직코자 동강으로 가 있어서 부재중이었기 때문에—일설에는 와병 중인 때문이었다고도 하며, 실제로 그는 1929년에 병사함— 군사위원('인민육해군위원') 장타이레이가 대리주석이 되었다. 그의 판공실은 공안국 대원의 중루에 두어졌다.

광저우 소비에트정부 성립대회 광경 (출처: 광저우기의 기념관)

소비에트집행부는 노동자, 농민, 병사, 여성 각각을 위한 10개 조의 강령을 작성해 발표했는데, 그것이 '소비에트정부'라는 명칭 사용의 근거로 여겨진다. 하지만 실제로 소비에트가 조직될 틈을 갖지 못한 채 봉기는 와해되고 만다. 그래도 이 집회에서는 "농민에게 땅을 주자!" "가

난한 민중과 노동자에게 식량을!" "병사에게 평화를 주자!"는 구호가 연이어 고창되었다.

소비에트 방위책으로 3개 군의 노농홍군 건립이 결의되었다. 공인적위대, 하이루펑 농민적위군, 교외지구의 농민군과 적진을 이탈해온 사병들로 편성할 것이었다. 그중 3천여 명 인원의 공인적위대는 시내 질서 유지와 잔여 반혁명세력 소멸의 임무를 맡았는데, 중공당 광주시위 사업위원회 서기인 저우원영이 총지휘하고 쉬샹첸(徐向前, 서향전)·덩파(鄧發, 등발) 등이 연대(聯隊) 지휘관으로 보좌하며, 지휘부는 광둥성장 공서(현 월화로의 광둥성 인민정부 청사)에 두었다.

그 밖의 군사적 임무는 다음과 같이 할당되었다. 공안국 점령의 선두에 섰던 교도단 제1영은 국민당 광둥성 당부 및 동교장 공격·점령 임무를 공인적위대 제1연대 및 감사대(敢死隊)와 함께 맡는다. 교도단 제2영은 동진하여 사하·연당(蓮塘)의 포병단 주둔지를 공타(攻打)하고, 제3영은 공인적위대 제5연대와 함께 관음산의 적군을 공타한다. 경위단 제2영은 주강 안쪽의 동제(東堤) 일대를 방어하면서 적의 도강을 방지하고, 제3영은 제4군 사령부 및 군기고와 12사단 유수지(留守地)를 공격하며, 공인적위대 제2연대도 제4군 사령부를 같이 공격한다. 황포군교 특무영은 해산(蟹山)포대와 어주포대를 공격해 무력화시킨 후 사하로 진공하여 국민당군 유수대를 공격한다.

각 부대는 위와 같은 임무대로 움직여 즉시 행동에 나섰다. 그리하여 첫날의 군사행동은 다음과 같이 진행된다.

첫째, 사하 보병단 및 연당 포병단 습격전이다. 사하진은 백운산(白云山)을 등지고 동편으로는 수구령(瘦狗嶺)이 있는 교통요지인데, 양달부가 총지휘하는 교도단 제2영 제5연 및 포병연 제1패(排, 배=소대)가 기습하여 국민당군 12사 36단 2천여 장병 거의 전원의 투항을 받아내고 몇 문의 대포를 노획했다. 그리고는 동쪽으로 내달려, 연당의 포병 제1·2단을 포위해 역시 600여 명 전부를 쟁취했고, 각종 포와 보총을 노획했다. 그 두 곳에서 한 양달부의 선무 연설을 김산이 통역해주었다.

둘째, 12사단 사령부 야습이다. 장파쿠이·황지샹·천궁보 체포 임무를 받은 박영 3형제와 오성륜은 한인만으로 구성된 1개 반(班=분대)을 인솔하고 사령부 야습에 나섰다. 그러나 도착해보니, 장파쿠이 등은 잠옷 바람으로 부리나케 영남대학으로 빠져나간 후 주강을 넘어 하남(河南)의 리푸린군 진지로 도주해버린 뒤였다. 그래도 여기서 경위연 포병대장 민승재와 그를 도운 김빈현, 병기공장 하급사관 이씨 등이 사단 장병들에 대한 선무공작을 성공적으로 해냈다. 대포를 끌고 12사 사령부 공략에 나선 양달부는 포격 세 번 만에 사령부 2층을 정확히 맞춰 부숴버렸다. 하지만 적의 완강한 저항에 막혀 사령부 점령은 해내질 못했다.

셋째, 제4군 본부 및 군기창고 습격전이다.

경위단 제3영에는 한인 김평형(金平亨; 본명 김병현[金秉鉉], 모스크바 군사학교 졸업자), 문손적 등이 소속되어 있었는데, 이들은 정치사업을 벌이면서 완고 간부를 처단했다. 그 후 제3영은 벽돌 건물인 조경회관의 제4군 본부, 문덕로의 12사 후방판사처, 앙충가의 제4군 군기고로 진공해갔다. 적군이 완강히 저항하고 전투가 치열해질 때 양달부와 김산이 200여 명을 인솔하고 와 합세하였다. 영국·일본·이탈리아 등의 군함들이 포격을 가해옴에 분개한 양달부가 홍군 총지휘부로 가서 대포 1문과 포탄 5발을 갖고 와 쏘아 군함 갑판을 명중시켰다. 하지만 경위단 제3영과 공인적위대 제2연대와의 협공에도 불구하고 제4군 본부의 함락은 이루어내지 못했다.

넷째, 관음산 장악 후 제4군 본부 포격이다.

이날 점심 때쯤 진가사(陳家祠)에 주둔 중인 적군이 관음산으로 진공해오자 공인적위대가 용감히 항적해 격퇴했다. 홍군 부사령 예젠잉이 교도단 포병연장에게 관음산으로 가서 변절한 경위단 제2연을 처리하고 이어서 등산해 제4군 사령부를 포격토록 지령했다. 교도단 포병연에 다수의 한인들이 있었는데, 담판으로 제2연의 투항을 받고 무기를 회수해왔다. 오후 4시쯤 리푸린의 제5군 일부가 영·미 군함 엄호하에 관음산으로 재진공해 왔다. 이는 포병연과 교도단 제1영 제2연 제1패가 대적해 격퇴했다. 그 후 양달부가 올라와, 제4군 본부가 들어서 있는 조경회관을 관측한 후 목표물을 겨냥해 포격을 개시했다. 포탄 몇 발이 사령부의 복층 꼭대기에 명중하여 적의 간담을 서늘케 했다. 하지만 이번에도 사령부 함락이 성사되지는 못하였다.

마지막으로, 황포군교 특무영도 봉기에 참가했음이다.

특무영은 1927년에 3개 연으로 조직되었는데, 대원 300여 명의 절반인 150여 명이 한인이었다. 황포군교의 한인 교관 및 생도 대부분이 4·12 정변 후 특무영 제2연에 편입된 것이고, 연장은 최석천(崔石泉, 본명 최용건)이었다. 그런데 특무영은 봉기 일자가 앞당겨짐을 미리 통지받지 못해 11일 새벽의 봉기에는 참가하지 못하였다. 그래도 늦게나마 소식을 접한 그날 오후 5시경에 특무영도 행동에 돌입하여, 황포도에서 윤선(輪船)을 타고 주강을 건너 어주포대에 상륙했다. 이튿날 12일 새벽에 특무영은 어주를 떠나 서쪽으로 행군하던 중에 민단 병력이 접근해오자 사격해 퇴치하고 수구령 고지를 점령하였다.

이처럼 숨 가쁘게 돌아간 봉기 첫날 상황에서 주요 한인 참가자가 내보인 활약상을 정리해보면 이러하다. 이용이 선도적으로 공안국 점령을 지휘했고, 양달부는 사하·연당 및 제4군 사령부 공략전에 앞장섰다. 박영이 지휘하는 교도단 제2영 제5연이 사하·연당 공격전에 투입되어 마침내 점령해냈다.

김산이 해낸 일도 적지 않았다. 11일 새벽 4시에 공안국에 도착한 그는 예팅과 하인츠 노이만을 만나 상의했다. 공안국을 나온 그는 12사단이 지키고 있는 제4군 사령부를 점령코자 급히 차를 몰고 가다 장파쿠이 등이 이미 도주해버렸음을 들어 알고는 근처의 리지선 저택을 먼저 점령하려고 돌격했다. 하지만 목적 달성에는 실패했다. 이에 김산은 양달부와 함께 10리 밖의 사하병영으로 접근해 총격으로 30명을 사살하고 지휘관을 감금한 후 2천 명을 무장 해제시켰다. 그렇게 노획한 소총과 대포를 성내로 운반토록 해놓고 홍군 총사령부로 귀임한 그는 노농무장부에 배치되어 무기분배에 참여하면서 이틀간 4천 정의 총을 나눠주었다.

광저우기의 때의 무기분배 정황(출처: 광저우기의 기념관)

김산은 육군병원과 지방병원들을 찾아다니며 의무 요원들에게 노농병 봉기의 의의를 선전하고 부상자 구호에 나서게도 했다. 그러는 중에 김산은 코닥 카메라를 구해 코뮨활동 사진을 찍어놨다. 하지만 애석하게도 현상 전에 필름을 죄다 분실하고 말았다.

3 │ 봉기 2일차의 밀리는 형세

새벽부터 분주하게 뛰어다닌 첫날이 가고 다음날 12월 12일이 밝아왔다. 이날도 홍군 총지휘부는 새벽부터 당일의 작전계획을 토의하고, 리푸린의 제5군 본부가 들어서 있는 하남의 해당사(海幢寺)로 진공키로 결정했다. 하지만 시내에서도 전투가 치열하게 벌어지고 불의의 흉사까지 벌어지면서 그 결정은 이행할 수가 없게 되었다. 거꾸로 제5군의 2개 단이 아침에 도강해 봉기군을 향해 진공해 왔다.

북강(北江)에 주둔 중인 국민당군 쉐웨(薛岳, 설악) 부대도 광저우로 이동해 오면서 정오경에 관음산으로 증원부대를 보냈다. 이에 교도단과 경위단 전사들이 적위대와 힘을 합쳐 혈전을 벌임으로써 10여 차의 진공을 물리쳤다. 김성숙의 영솔하에 동로경계 임무를 수행 중이던 교도단 제2영 제5연의 한인 전사들도 수구령 고지를 지키고 있던 중에 인근의 사하 진지로 찾아온 황포군교 특무영 대원들과 상봉해 결합했다. 그리고는 사하 진지 고수와 국민당군의 반공(反攻) 격파 임무를 수임하였다.

오후 1시에 시내 풍녕로(豊寧路, 현 인민중로)의 서과원(西瓜園) 공터에서 〈광둥 공농병의 소비에트정부 옹호대회〉가 개최되었다. 광저우공인대표대회에서 결의한 데 따라 소집된 것인데, 김성숙과 김산 등 7~8명의 한인도 참석했다. 전날 개최하려 한 대회였으나 국민당군의 관음산 포위를 막아내려고 출동하느라 하루 연기된 것이었다. 대회는 장타이레이 주재로 소비에트정부 성립을 선포하고 선언을 발표했다. 정강을 공포하고 정부 요원 명단도 공표했다. 하지만 적군이 시내로 쳐들어오고 있으므로 대회를 급히 마치고 각자의 전투위치로 복귀해야 했다.

군중대회 산회 후 2시에 장타이레이가 서과원을 떠나 트럭을 타고 총지휘부로 가면서 중화로(현 해방북로)를 통과하던 중에 북쪽에서 날아온 탄알이 그의 몸에 명중했다. 기계공회 체육대 소속의 공적(工賊: 노동자 깡패)에게 돌연 피습당한 것이다. 장타이레이는 총지휘부로 급송되었으나 곧 숨을 거두고 말았다. 그가 교도단의 광저우 퇴각 후 노동자들의 방어전을 지휘하다 17일에 전사한 것으로 김산은 나중에 들어 알았다는데, 잘못 전해진 것이다. 아마도 총지휘자 장타이레이의 피격 사망 사실이 적에게 알려지지 않도록 내부에서도 극비로 숨겼던 모양이다.

앞서 하남으로 도망가 있던 장파쿠이·천궁보·황지샹은 리푸린·쉐웨 등과 손잡고 영·프·일 군대 및 영·미·독·일 군함과 결탁하여 대거 반격해왔다. 영국군 2천 명, 프랑스군 수병 400명, 일본군 수병 300명으로 사면 조계지를 지키기로 영사단 회의에서 합의한 대로였다. 그러면서 사면에 정박 중인 일본군 포함 2척 중 1척이 강 건너 북쪽의 봉기군을 향해 조준 없이 기관총 사격을 해댔다. 이에 홍군 총지휘부의 요청을 받은 이빈과 한인 용사들이 대포를 끌고 강안으로 나가서 3발을 쏘아 적 포함의 연통 3개를 날려버렸다. 하지만 불행히도 여기서 이빈이 적탄에 맞아 전사했다.

석양 무렵에 적군이 시내 요소요소에 출현해 근접전투가 벌어지면서 형세가 봉기군에 점점 불리해져 갔다. 그날 밤까지도 봉기군은 하남지구는커녕 12사단 사령부조차도 점령해내질 못하고 있었다. 그럼에도 적의 반격을 예상한 후퇴 준비가 없었다. 이것은 지나친 낙관 혹은 과신을 하고 있던 예팅의 실책이었는지 모른다. 여하튼 이때쯤부터 실패의 예감이 뭉게뭉게 피어오르기 시작했다.

이에 예팅과 네룽전이 서관(西關), 장제(長堤), 공안국, 관음산의 봉기군 순으로 당일 밤 10시 전에 화현(花縣) 방면으로 철수 퇴각키로 결정하였다. 하지만 봉기군의 지휘계통이 혼란에 빠지고 영도자들 간에도 연락이 두절되면서 철퇴 명령이 잘 전달되질 못하였다.

4 | 3일 만의 퇴각과 봉기의 결말

봉기 3일차 되는 12월 13일부터 백군이 영·일·프·이 4개국 군대와 합세하여 총공격으로 광저우시 일부를 점령하기 시작했다. 중공당 광둥성위 판사처가 들어서 있는 명성극장(후일의 신성영화관)에서의 장타이레이 추도회도 다 마치지 못할 정도로 전투가 격렬했다. 북쪽에서는 리푸린부대와 쉐웨부대가 관음산으로, 동쪽에서는 2개 단의 리한흔부대가 사하와 광구(廣九) 역전으로 진공해왔다. 남쪽에서는 열강의 군함과 리푸린군이 주강 북안의 시내 쪽으로 진공해오고, 서쪽에서는 영국 군함이 사면 조계를 떠나 중국령으로 진입하고는 포격을 준비하며 육전대를 상륙시켜 해원공회(海員工會)를 포위했다. 어디 한쪽도 빈 데가 없는 전면적 역공이었다. 전날 수구령의 민단을 격퇴한 최용건의 특무영 부대가 사하로 달려가 교도단 제2영과 합류해 있었는데, 이날 적군 1개 연대의 공격을 받고 전력을 다해 반격하다 탄약이 다 떨어지자 급히 철수했다. 이 전투에서만 100명 이상의 한인 대원이 희생되었다고 한다.

급박해진 상황에서 한국혁명청년연맹의 회원 12명이 낮에 중산대학에 모여 회의를 열었다. 김산이 사회를 보고 양달부, 오성륜, 김성숙이 돌아가며 발언했다. 봉기가 실패할 시는 교도단과 동반 퇴각한다는 결정이 나왔다. 아니나 다를까, 얼마 지나지 않아 교도단과 공인적위대가 총지휘부의 지령에 따라 관음산에서 철퇴하였다. 오후 5시경에는 리푸린군이 광저우시를 완전 점령하고 잔인무도한 학살극을 벌이기 시작했다. 그로 인해 무려 5,700여 명이 삽시간에 피살되었는데, 그중 4,700여 명은 공산당원이었다.

오후 6시경 김산이 공인적위대로 가보았더니, 동지들이 말하기를 예팅이 공안국 내 사령부로 가서 평복으로 갈아입었다고 했다. 홍콩으로 탈출해 가라는 지령이 당에서 왔기 때문이라 했다. 이에 김산이 급히 사령부로 가보니, 윈다이윙 말고는 한 명도 없이 비어 있었다. 그때 참모장 수광잉이 들어와, 모두들 황화강의 72열사묘 광장으로 가라고 명하였다. 김산은 서둘러 중산대학에 가보았지만 동지들이 아무도 없기에 사령부로 돌아와 양달부와 합류했다.

김산은 김성숙도 찾으러 갔는데, 애인 두쥔후이(杜君慧, 두군혜) 집에 숨어있겠다면서 탈출 동행을 완곡히 거절했다. 그해 여름경부터 김성숙은 부르주아 집안 출신의 모던걸이면서 중산대학생인 두쥔후이와 열애하는 사이가 되어 매일같이 72열사묘 광장에서 데이트했었다. 동지들의 비아냥이 커지자 김성숙은 두쥔후이를 도쿄로 유학 보내는 것으로 무마하려 했다. 하지만 우한에 가 있는 동안 김성숙의 편지 답신이 끊기자 안달하던 두쥔후이는 석 달 만에 돌아와버렸다. 두 사람의 이 뜨거운 관계를 김산만 "혁명가도 역시 남자이고 인간이다."라면서 두둔해주었다. 그러면서 그 자신의 연애관과 결혼관도 얼마간 긍정적인 방향으로 바뀌어갔다.

수광잉의 명령대로 김산이 오성륜과 함께 72열사묘 기념탑 앞으로 가보니, 교도단 병력 1천여 명이 예용의 지휘하에 승차 중이었다. 그 두 사람도 탑승했고, 차량 대열은 광저우를 빠져나가 화현 방면의 타커우링산(塔口坽山, 탑구령산; 『아리랑』의 일역·국역본에는 '타이구린산[太古林山, 태고림산]'으로 되어 있음)으로 달려갔다. 일행 중의 한인은 양달부, 김산, 오성륜, 박근만·박근수 형제 등 16명에 불과했다.

다음날 12월 14일에 남경정부 군사위에서 리지선·천밍수·바이충시에게 각자 광저우로 진격해 장파쿠이와 황지샹을 토벌토록 명령했다. 이에 천밍수는 동로군 총사령으로서 15일 산터우에서 부대를 이끌고 광저우를 향해 나아갔다. 18일에는 백군이 소련영사관 부영사를 광저우 시내 대로에서 처형해버렸다. 그날 저녁에 광저우의 모든 상황은 종료되었다.

앞서 12일부터 동제에 주둔케 된 봉기군 부대에서 사령부의 지시가 있자 한인 60명을 포함한 200명의 도강돌격대를 조직하고 박영의 지휘로 리푸린의 거처를 공격코자 함포사격을 뚫고 주강을 건너갔었다. 그리고는 영남대학 부근의 한 진지를 확보해 진을 쳤는데, 그 직후부터 맹렬한 공격을 받는 중에 북안 지휘부와의 연락선이 끊겨버린다.

이로 인해 그들은 12일 밤부터 나온 철퇴 명령을 전달받지 못하고 영남대학 진지를 계속 고수했다. 그러다 국민당군의 철통같은 포위 속에 탄약과 식량이 바닥나버렸다.

그렇게 진지 사수의 일념으로 밤낮 이어지던 혈전 속에 17일에 이르러 최후의 육박전을 벌인 끝에 돌격대원 120여 명이 죽음을 맞았다. 나머지 한인 50여 명과 20~30명의 중국인 대원은 포로가 되어 결박당한 채 적군 사령부로 끌려갔다. 하지만 도착 후 얼마 되지도 않아 영관급 지휘관의 기관총 소사(掃射)로 몰살당했다. 대대장 박영 역시 장렬히 전사했고, 사령부에서 보낸 한인 전령 2명도 끝내 돌아오지 못하였다. '비운의 대대'의 최후에 관한 이 얘기는 그때 적군에 잡혀갔다 마지막 순간에 탈출하여 유일한 생존자가 된 '16세의 교도단원(사관후보생) 안청(安淸)'이 1929년 가을 김산과 해후한 자리에서 비통한 어조로 어렵게 들려 주어 처음 알려졌다.

『아리랑』 일역본의 역자 안도 지로는 이 '안청'을 '안지청(安之淸)'인 것으로 보았다(275쪽). 한자 표기가 다르지만 '안지청(安志靑·安之靑)'은 평남 출신 독립운동가 안재환(安載煥)의 이명이었다. 이명이 여러 개였고 의열단원이기도 했던 안재환은 우한군사정치학교에 다녔으며 동방피압박민족연합회 활동에도 참가했다. 그러다 1927년 2월 말에 한커우에서 일본영사관 특무경찰의 간계로 중국 공안당국에 체포되어 6개월 동안 감금되었다가 8월 말에 석방되었다. 그런 후 그의 이력은 한동안 공백이다가 1932년 초 난징에서 '한국혁명당'이 창립될 때 가담함으로 다시 이어진다. 그러니까 1927년 8월 이후의 약 4년간 행적이 불명인 셈인데, 우한 군관교도단의 광저우행에 동행하여 봉기에 참가했을 가능성을 여기서 짚어볼 수 있다.

그런데 문제는 그가 1898년생이었다는 것이다. 그러면 1927년 당시는 29세였으므로, 1905년생 김산이 자기보다 한참 아래인 16세 (1911년생에 해당)의 소년군관으로 묘사했음과 부합하지 않는다. 김산이 1937년의 회고 때 안재환의 신변 안전을 고려해 일부러 그렇게 말했을 수는 있다. 아무래도 현재로서는 무어라 단언키 어려운 미해결의 숙제일 수밖에 없다.

광저우봉기에 전투원·선전원·구호원 등으로 참가한 한인 청년은 모두 합해 200명 이상이었다. 교도단 제2영 제5연은 본래 한인 청년들로 구성되었으며, 포병연, 황포군교 특무영, 경위단에도 한인들이 다수 배치되어 있었다. 중산대학의 한인 재학생도 상당수가 봉기 대오에 가담해 있었다.

그러면 한인 희생자는 모두 해 얼마나 되었던가? 리정문은 12일의 공안국 보위전에서 50여 명, 13일의 사하전투에서 100여 명, 17일의 영남대학 부근 최후저항전에서 60여 명으로, 도합 210여 명이었다고 보았다. 근거 있고 믿을 만한 추정이라고 본다. 겨우 살아남은 15명가량이 하이루펑 쪽으로 피신해 공농홍군 제4사의 일원으로 움직이면서 거기 수립된 소비에트에도 참여할 뿐이다.

5 | 김원봉의 선택과 행로

그러면 광저우봉기 전후의 김원봉의 행적은 어떠했을까?

7월의 국공분열 후 그는 우한에서 주장으로 갔고, 거기서 허룽부대에 편입되어 난창봉기에 참가한다. 그가 우창을 떠난 것은 4·12 정변 때와 같은 무차별 체포와 처형 사태가 거기서도 재연될지 모른다고 우려한 때문일 수 있다. 실제로 우한의 제6군 포병영장 이검운이 소속 부대에 의해 체포, 투옥되었고, 부영장 권준과 부관 안동만(安東晚; 안재환의 이명)은 각기 후난성과 난징으로 급히 피신했다고 한다.

허룽 부대는 난창봉기 후 광저우로 남진하던 중에 광서군과의 회전(會戰)에서 대패하고 말았다. 이때 김원봉이 광서군의 포로가 되었으나 요행히도 탈출한 것으로 전해진다. 9월에 그는 푸젠성 샤먼(厦門, 하문)에 일시 재류 중인 아나키스트 옛동지 이정규(李丁奎)의 거소에 들렀다가 다시 광둥으로 떠났다고 한다. 하지만 김원봉이 12월의 광저우봉기에 김성숙이나 김산만큼 적극 참가한 흔적은 거의 나타나지 않는다. 혹시 참가했을지도 모르나, 공산당의 눈으로 보면 '반변'(叛變: '배반변절'의 축약어)이 되는 행위를 마다하지도 않았던 것 같다.

이렇게 볼 수 있는 근거는 첫째, 광저우봉기 발발 후 3일간의 사적(事跡) 그 어디에도 그의 이름은 나오지 않는다는 점이다. 둘째, 두쥔후이가 먼 훗날 1979년에 쓴 광저우봉기 회상기의 묘한 구절 하나 때문이다. 봉기에 참가했던 한인들의 이름을 몇몇 열거하는 중에 "金之風(黃埔軍校卒業生, 後叛變)"이라는 생소한 이름과 흥미로운 붙임말이 나오는 것이다. 이 '김지풍(金之風)'이란 필기된 원문의 흘림체 글자를 활자화하는 과정에서 생긴 오식(誤植)이었을 수도 있지만, 그보다는 두쥔후이가 인간적 정리(情理)로써 '金元鳳' 석자를 비슷한 글자로 일부러 비틀어 쓴 것이 아니었을까 한다.

사실 김원봉은 김산과 김성숙처럼 1920년대 중반에 중국공산당에 가입했던 흔적이 나타나 보이지 않는다. 광저우에서 중공당과 어느 정도 연계를 맺고 활동했을지도 모르지만, 그 관계가 다른 두 동지만큼이나 밀접한 것이었을지는 의문이다. 그는 평소 중국국민당과 소련 쪽에 관심을 많이 두었고, 그쪽과 접촉해 자금과 무기 지원을 얻으려고 늘 애를 썼다. 그러므로 그가 국민당과 완전히 갈라선 후의 중공당이 벌이는 무장봉기에 선뜻 참가할 생각을 가졌으리라고 보기가 어려운 것이다. 그럴 의무감도, 명분에 사로잡힐 이유도 그에게는 그다지 있지 못했을 것이다.

어쩌면 그는 꼬뮨 결성이나 소비에트 수립을 위한 중공당의 무장봉기가 제반 정황과 조건에 비추어보면 영락없이 투기-모험-맹동주의적 소모전이요 자멸 행동이 되고 말리라고 판단했지 싶다. 그로부터 몇 년 안 가 중공당 자체에서 공식적으로 나오는 평가처럼 말이다. 조국독립의 지름길을 찾는다는 차원에서 중국혁명과 북벌에 참가하는 것, 그리고 다른 나라 내부의 이념투쟁·권력투쟁에 같이 휩쓸려 피 흘리는 것, 이 두 가지는 결코 같은 성격의 선택지가 될 수 없지 않으냐고 그는 생각하고 있었을지 모른다. 설령 비겁해 보일지라도 더 큰 일과 먼 장래를 염두에 두고서 그래야 했을 것이다.

아무튼 김원봉이 광저우를 탈출하여 상하이로 귀환한 후 그의 주위에는 20명도 채 안 되는 단원만 남아있었다. 굉장히 큰 조직세 감퇴와 침하가 야기된 것이다. 게다가 1928년 2월부터는 우한과 샤먼에서 10여 명의 단원이 공산당원으로 몰려 중국 공안당국에 체포된 후 일본영사관으로 넘겨지는 일이 수차 벌어지곤 했다.

6 | 되짚어지는 몇 가지 실책과 한계들

 김산은 회고하기를, 12월 11일~18일의 여드레 사이에 근 7천 명이 광저우에서 국민당군과 우익 민간인에게 피살되었다고 했다. 희생자는 대부분 노동자였고, 학생은 극소수에 불과했다. 그리되고 말게끔 초장부터 아쉽고 불길했던 점이 있었음을 그는 훗날 다음과 같이 술회했다.

 먼저, 봉기 첫날인 11일 아침에 총지휘부가 시민 한 사람도 죽이지 말고 체포하여 재판에 회부하라는 명령을 노동자들에게 내렸는데, 이것이 곧이곧대로 준수되면서 자발적 대중운동은 중단되고 말았다는 점이다. 김산이 보기에 그것은 실책이었다. 우리가 적을 깨부수지 않으면 적이 우리를 섬멸할 것이고, 실패는 참가자 전원의 죽음을 의미하기 때문에 그렇다는 것이다. 봉기군에 의해 재판받고 처형된 자도 국민당 간부 30명에 불과했지, 상인과 부자들은 전무했다. 그런 관용과 규율은 며칠 후 적군에게 '7천 명 가까이' 학살되는 결과와 대비된다. 공안국에 가둬두었던 30명의 적당(賊黨)이 13일의 봉기군 퇴각 때 풀려나자 곧 빈민 학살에 가담했음도 그는 예로 들었다.

 둘째, 봉기에 참여한 무장노동자 즉 공인적위대의 숫자가 절대적으로 부족했다는 점이다. 적어도 6천 명은 되리라 예상했는데 실제로는 2천 명에 불과했다. 이것은 공회 지도자 아닌 군인이 작전지휘를 맡으면서부터 노동자들이 불신하고 지휘체계가 흐트러져버린 데서 빚어진 일이었다. 11일 새벽의 봉기 상황이 성공적이었다고 여긴 노동자들이 안도하여 대부분 귀가해버린 탓도 일부 있었다.

셋째, 꼬뮨에 학생의 참가가 극소했고 무장투쟁에도 불참했다는 점이다. 당원·공청원인 학생들만 약 50명이 개인적으로 무장했지만, 장식용인 것처럼 총 들고 거리를 활보했을 뿐이다.

넷째, 공산당 조직이 원체 빈약했고, 집회·시위도 거의 없었을 만큼 중앙지휘가 부재했다는 점이다. 노동자들의 일부는 뿔뿔이 흩어진 채 로나마 마지막까지 대적하다 죽어갔다. 그들의 시신은 수거된 후 자동차에 실려가 주강에 마구 내던져졌다.

하지만 봉기 실패의 근본 원인은 이보다 더 구조적이고 거시적인 차원에서 찾는 것이 마땅해 보인다. 이런 견지에서는 코민테른과 중공당의 조급함에서 빚어졌던 바 지나치게 낙관적으로만 흐른 정세판단과 혁명전략 상의 오류, 주도세력의 상황대응 능력의 미흡함과 지리멸렬함, 봉기계획의 전반적인 무모함과 자원 배치·동원의 불철저성 및 산만함 등, 지적할 것이 많다. 조선족 연구자들도 "봉기 실패 후 지휘자들은 적-아 간의 역량이 현저한 차이가 있는 형편에서 도시 무장폭동으로 정권을 탈취한다는 것은 불가능하다는 것을 똑똑히 알게 되었다. 피로써 얻어온 심각한 교훈이었다."고 직설했다.

다만 동아시아에서의 반제국주의 민족해방·민족혁명운동의 국제적 연대라는 차원에서는 이와 좀 다른 평가도 나올 수 있을 것이다. 그런 예가 "조선민족의 해방과 중국혁명의 승리를 전취하기 위하여 제국주의 및 중국의 반동파와 벌이는 결사전에 250여 명의 조선용사들이 참가하여 200여 명이 장렬히 희생되었다. 이것은 조선 혁명렬사들의 위대한 국제주의 정신과 혁명적 기개를 보여준 것이다."(김양·복찬웅·김우안, 『광주봉기와 조선용사들』)라는 서술에서 보인다.

국제주의는 현실의 민족간·국가간 구별과 차이를 넘어서자는 데서 나온 하나의 혁명전략적 원칙이었다. 그런데 현실에서는 대국주의와 결합하여, 주입되고 강제되는 요구로서의 성격도 짙어진다. 그런 경우에는 국제주의가 순교를 당연시하는 종교적 교리처럼 되어서 교조적 준봉이 강제되기도 한다. 그렇게 보면 혁명적 국제주의는 상대적 강자이고 대국인 쪽에서 약소민족·국가에 기대하고 요구할 것이 아니라 그 반대이어야 함이 맞다. 하지만 다른 한편으로는 '지금 여기가 어디인가?'도 중요한 고려사항이지 아닐 수 없다. 1927년 당시 광저우의 한인 혁명가들은 중국혁명의 현장에 들어가 있었고, 따라서 그로부터 발해지는 요구에 응답함이 당연한 바이기도 했다.

그렇더라도 혹자는 김산·김성숙 등이 중공당에 가입했던 데 대해 의구심을 갖거나 불편한 심정이 되어서 비난할지 모른다. 하지만 민족해방과 조국의 독립을 열망하면서 전세계적 제국주의 체제에 반대하고 행동으로 저항하는 혁명가가 되고자 했을 때 그 조직중심으로 여겨지는 공산당에 가입함은 충분히 있을 수 있는 일이었다. 그들이 중공당에 가입한 것은 1920년대 초에 파리 유학 중이던 중국인 청년들이나 호치민이 프랑스공산당에 가입해 활동해간 것처럼 아주 자연스러운 바였다. 게다가 김산과 김성숙은 베이징에서 중국공산당 초기 지도자들과의 친교 경험이 있는 데다, 계속 만들어져 나온 한인 공산당 조직들이 서로 분열하여 상쟁까지 하는 데 넌더리를 쳤을지도 모른다.

일단 가입했으면 그 조직의 명령과 기율에 따라야 함이 대원칙이다. 고로 중공당 중앙에서 반국민당 봉기를 추동키로 결정한 마당에는 당원이라면 의당 이의 없이 참가해야 하는 것이었다. 굳이 국제주의를 들먹이지 않더라도 당연한 행로가 될 것이었다. 문제는 그 봉기가 너무 쉽게 패퇴했고 그로써 무참한 희생이 너무도 크게 빚어졌다는 것이다. 그것은 결국 스탈린과 코민테른의 잘못된 정세판단, 그(것)들에 대한 중공당 급진파 신임 지도부의 맹종, 그리고 자신 있게 일을 벌여 는 갔지만 준비가 무척 허술했고 구사해간 전술은 졸렬했음에서 빚어 진 바였다. 김산이 몇 번이나 강조해 말하게 되는 것처럼 그것은 '강물 속에 소금을 계속해서 집어넣기' 밖에 안 되는 일이었다.

2부

100년 후의 옛길과
격정의 흔적들

I

―

'아리랑 로드'로
출발

1 설렘과 긴장

 2023년 11월 27일, 월요일이다. 김산의 '아리랑 로드'를 되짚으며 찾아보기 위한 7박 8일 예정의 답사기행 첫날이다. '장도에 오른다'고 하면 괜히 혼자 부풀리는 말이 되는 것이겠지만, 그래도 설레고 가슴 벅찬 기분이 아닐 수 없다. 한편으론 "잘 해낼 수 있을까? 여정을 계획대로 다, 무사히 마칠 수나 있을까?"라고 두려움 섞인 걱정도 든다. 전달받은 일정 계획표로는 광저우, 광둥성 동부 일대, 다시 광저우 순으로 예정되어 있다. 『아리랑』에서 접한 적은 있지만 머릿속에서만 그려봤지 현실감은 그닥 없었고, 그러니 '모른다'고 함이 옳을 낯선 지명들이 계획표에 빈출했다.

 "그래도 쫄지 말자. 무조건 가보는 거다. 덤벼보는 거다." 부러 용감해지는 척도 해본다. 그러다 김산, 아니 그보다 더 친밀감 가는 이름 '장지락'의 영혼이 무척 환영하고 도와주며 지켜줄 거라는 생각이 소낙비 가려주는 장우산처럼 머리에 넓드라니 씌워진다. 이게 더 현실적인 처방약이다. 그리 생각하니 마음 든든해진다.

 자정 조금 지나 집을 나와, 호출해놓은 택시를 타고 동대구역으로 향한다. 인천국제공항까지 4시간 가까이 달려갈 고속버스를 타기 위해서다. 우선은 공항까지 가는 길에 어떤 유든 사고가 없어야만 한다. 경중을 막론하고 시간을 잡아먹어 지체시킬 일이 일절 없어야 한다. "하긴 내가 운이 좋은 편이긴 하지. 평소도 별 사고 없이 이때껏 건재해 왔지 않은가." 무턱대고 해보는 낙관을 넘어 근본 없을 자신감까지 짐짓 가져보는데, 그래도 사람 일은 모르는 것. 자세 낮추고 조용히 마음속으로 기도드려 보는 쪽으로 태세를 얼른 바꾼다.

01시발 버스에 승차하여 좌석을 찾아 앉고 눈을 감아본다. 반대편 차로를 달려오는 대형차들의 전조등 빛이 계속해서 잠을 쫓아버리는 거 같다. 아니다, 꼭 그래서라기보단 좀 긴장되는 마음이라서 더 그럴 거다. 이런저런 사념이 머릿속을 계속 오간다. 발밑의 엔진 소리와 진동이 묵직하니 크게 울린다는 느낌 중에 어느새 까무룩 잠이 들었다. 하지만 선잠인 듯 금방 또 깬다. 그러기를 서너 차례 반복하다 어느덧 5시 조금 전에 인천공항에 잘 도착했다.

하차하여 공항으로 들어가, 일행과의 상면 시간이 될 때까지 어슬렁거린다. 가게 문이 열리기에 간단히 아침 요기를 했다. 이윽고 6시 반이 되어 약정된 지점으로 가서, 나타난 두 분과 반가운 인사 나눈다. 한 분은 둥관에서 오래 활동해오다 이제 직업전선에서 물러나 귀국해 계신 문계준 재완(在莞)한국인회 명예회장이다. 문회장은 저번 서울서의 상견례 만남에 이어 두 번째 상면인데, 성품이 매우 온화하고 점잖아 보인다. 취미로 시작한 사진촬영을 오래 하다 어느새 전문가의 경지에 이르러 종종 작품전시회도 여는 사진작가이다. 둥관에서 수십 년 살아왔기에 광저우 일대와 광둥에 대해 잘 알기도 하니 이번의 답사일정 내내 촬영을 맡아주기로 하여 일행이 된다. 여정 종료 때까지 같이 지내보니, 시종 과묵 겸손에 진중한 성품임을 알게 되었다. 나와 동갑이지만 서너 살 선배처럼도 느껴졌다.

다른 한 사람, 방학진 실장은 이번 기행의 막후 설계자요 실행의 바람잡이다. 센스 넘치고 유머 만방에다 매사 기민하여, 어디든 필요한 활력소요 감초 같은 인물이다. 총무이면서 은근히 정치지도원 같은 역할도 해보이던 이번 기행에서 그의 진면목을 다시금 알게 되었다. 나는 그저 따라만 다니면 될 행운의 무임소 여행자로 나선 길이지만, 나중에 책 쓴다고 큰 고역 치를 게 뻔하다. 회초리도 먼저 맞는 게 좋다고들 하지만, 나의 개인적 체험에서 얻은 지혜로는 기합 '빳다'(bat)를 맞더라도 먼저보다는 나중 맞는 게 좋다는 것이었다. 그래서 이번도 그렇게 되려니 맘 편히 여기기로 했다.

아침인데도, 아니 아침 녘이라 더 그런지 모르지만, 공항 안이 매우 북적인다. 3년여 코로나 봉쇄로 갇혔던 우리 국민들이 이제 금족령이 풀리니 다들 뛰쳐나와 해외로 먼 해외로 여행 떠나는 걸로 해방감을 만끽하는 거 같다. 그 여행 붐 탓에 어느 줄이나 매우 길어져 출국수속에 시간이 많이 걸렸다. 그래도 보안검색이나 신원확인 절차가 외국에 비해서는 그리 까다롭지가 않아서 여행자로서는 다행이다. 너무 일찍 출국장으로 들어가게끔 강박하는 듯한 게 좀 불만이긴 하다. 아마도 면세점 등의 임대매장들을 위한 정책적 배려일 것이다.

드디어 10시 55분 발 대한항공 여객기에 탑승하고 잘 이륙해 상공으로 날아올랐다. 기내 서비스는 그런대로 족했고, 좌석의 작은 창을 통해 내려다보이는 바다와 땅은 어느 나라 영토의 것이든 가릴 것 없이 그 색감과 질감이 다 정겹고 가슴 뭉클하리만큼 아름답게 다가온다.

2 | 광저우 초입에서 진로를 바꾸다

착륙 준비를 알리는 기내 방송이 나온다. 창밖으로 시선을 주며 고개 기울여 내려다본다. 드문드문 들어앉은 콘크리트 건물 앞에 계류 중인 비행기들의 동체가 반짝이고 활주로가 길게 보인다. 착륙 순간, 쿵 소리와 함께 국내선보다는 충격과 마찰음이 크다고 느껴진다. 어쨌든 비행기는 제 위치로 가서 점잖게 멈춰 선다. 한고비를 넘겼다. 안도의 긴 숨이 절로 나온다. 시계를 보니 현지시간으로 오후 3시 40분이다. 4시간 가까이 창공을 날아온 것이다.

트랩을 내려서며 보니 공항 규모가 만만찮게 크다. 점하고 있는 면적이 시원하게 넓고 건물들도 큼직큼직하다. 역시 중국이다. 멀리 큰 글씨로 영문과 중국어가 같이 적혀있다. '백운국제기장(機場)'이란다. '백운'은 공항이 들어선 곳의 지명일 텐데, 비행기가 조금 전 뚫고 온 흰구름을 바로 연상시켜 아귀가 딱 맞는 느낌이다. 나중에 알고 보니, 이 국제공항은 광저우시 서북부의 백운산 아래 백운구 인화진(人和鎭)과 그 북쪽의 화도구(花都區) 신화가도(新華街道)가 맞닿는 경계 지점에 널찍하게 자리해 있었다.

청사 안으로 들어서 입국수속을 마치고 로비로 나간다. 양팔 올려 크게 흔들며 만면에 웃음을 머금은 '노란 셔츠의 사나이'가 다가온다. 마중 나온 박호균 국장이다. 며칠 전 서울서 헤어졌지만, 또 보니 역시 반갑다. 우리는 포옹하며 인사한다. 이번 일정에서는 본인 차로 운전을 전담하며 현장 길잡이 역할을 다할 것이다. 어디를 가고 누구를 만날 것인가를 포함하여 일정 운영을 그가 전관할 것이라고 봐도 좋다. 우리 일정의 마지막까지 겪어본 바로 말하면, 박국장은 에너지 충만한 열정 만점의 팔방미인형 남자였다. 매사 의욕이 넘치며, 그만큼 다변이고 은근히 고집도 센 편이다. 살짝 삐치는 때도 있긴 하지만 대체로 호쾌하다. 화끈한 성격이라서 타협에 이르는 데도 능하고 빠르다. 문제의 이 사나이를 이제부터는 '박국장'으로 약칭하겠다.

수하물을 찾아 박국장의 SUV 좌석 뒤쪽에 차근차근 쟁여놓고 자리를 잡아 앉는다. 나는 운전석 뒤로 앉았다. 비좁게 앉으면 5인승도 되겠지만 정상은 4인 승용차다. 마침맞게 4인이 동승하고 공항 주차장을 출발한다. 이제부터 갈 길과 중간중간 들를 곳과 매일의 숙소에 대해 박국장은 아무 말이 없다. 그의 머릿속에만 들어있을 뿐이다. 다시 하지 않느냐는 투다. 그럴 만도 한 게, 서울에서 이메일로 예정 일정표가 보내져 배부되긴 했다. 미지의 땅에서 앞으로 마주칠 지명들이 열거되었지만, 읽어봐도 모르겠었다. 뭐가 뭐고 어디가 어딘지를. 그저 가봐야만 아는 것이다. 백문이 불여일견! 문회장도 방실장도 크게 다를 바 없을 걸로 여겨진다. 그들이라고 해서 광저우봉기와 그 후의 일들에 대해 나보다 더 잘 안다고 할 수는 없을 것이다. 다들 모른다는 것이 정답일 터이다.

그러므로 박국장이 이끌고 가는 대로 따라갈 뿐이고, 당분간은 그의 운전 솜씨와 그의 애마가 발휘해줄 성능에 우리의 생명·신체의 (자유까지는 아니지만) 안전을 아예 맡겨놓는 셈이 된다. 그렇다고 무서울 건 없다. 박국장이 컴퓨터 속에 우리를 집어넣고 조종하는 게 아니라 그도 역시 우리와 같은 차를 타고 있으니까. 같은 운명일 테니까. 적어도 향후 8일간은 말이다.

공항을 나와 얼마간 국도를 달리다 고속도로로 진입한다. '광청고속공로'다. 도로 표지판을 보고서야 양구진(良口鎭) 쪽으로임을 알게 된다. 그렇다면 광저우 시내로 들어감이 아닌 것이다. 광저우 초입에서 진로가 확 바뀌는 셈이다. 이제 곧 보겠거니 고대하던 님을 저만치 놔둔 채로 획 돌아서 달아나는 격이다. 사전 고지 한 마디 없이 묵묵히 가속기만 밟아대는 박국장의 심사를 헤아리기가 어렵다. 무언가 섭섭

해지는 기분이고, 내 탓은 아니지만 광저우에게 미안도 하다.

  그래도 광저우가 어딜 가버리겠는가? 며칠 사이에 내가 세상을 하직하고 사라지겠는가? 그대 기다려주면 올 것이다. 반드시 돌아올 것이다. 내 그대를 안 보고 죽으면 원 지어 귀신 된다. 그러니 기다리고 있으라. 기다려 달라. 다시 오마, 광저우.

II

김산과 홍군의 길 되짚어
동강지구로

1 | 홍4사 성립지를 우선 들르다

한참을 달려 양구 IC에서 고속도로를 벗어나 국도로 들어선다. 얼마 후 조금씩 모습을 드러내는 소읍. 광저우시 화도구의 화산진(花山鎭)이다. 1927년에는 화현(花縣) 화성진(花城鎭)이었다. 광저우를 탈출한 김산 일행이 맨 처음 거쳐 간 데가 '화현'이었음이 『아리랑』에 쓰여 있다.

화현은 1851년에 태평천국운동을 일으킨 홍슈취안의 고향이다. 초기에는 민간의 호응이 컸지만 결국은 청나라와 서양세력에 의해 다 진압, 소멸되어버렸다. 화현에 홍슈취안의 생가가 복원되어 있다는데, 거기 들러볼 여유는 우리가 갖지 못했다. 관광여행을 온 것도 아니고 벌써 해가 기울고 있으니, 예정 행로대로 서둘러야 했다.

화산진에서 어느 소로로 접어들어 길 안 한쪽의 큰 건물 앞에 차를

화성소학 전경

댄다. 하차해 보니 학교 앞이고, 교문에 걸린 표찰을 보니 화성소학과 화현향촌사범중학이다. 여교사 두 분이 학생들의 하교를 지도 중인 교문 안으로 들어서니, 정면으로 황동상의 큰 조형물이 세워져 있다. 전방의 적을 향해 총 겨누고 고함치며 진군하려는 전사들의 모습을 형상화한 것이다. 조형물 아래쪽에 부착된 철판에 '기전화현(旗展花縣)'이라고 박혀 있다. '깃발을 펴들라, 화현이여'란 뜻이겠다.

화성소학 학동들과 한 컷. 맨 오른쪽이 박국장

그 주위로 운동장이라 하기에는 좀 좁아 보이는 큰 마당에 방과 후의 어린 학생들이 가득 차 와글댄다. 마당 가에 서 있는 여성 한 분이 선생님인 것 같아 청하니 선뜻 응해주어 사진을 같이 찍었다. 평소 방문객이 많고 그런 요청도 흔한 일이어서 반응이 자연스러웠던 것 같다. 발그스레 볼이 귀여운 학동들과도 같이 사진을 찍었는데, 모르는 어른과 사진 찍는 데서 오는 약간의 경계심 또는 쑥스러움과 함께, 특별히 지목되었다는 뿌듯함도 표정에 살짝 묻어나온다.

2층 건물인 교사 한쪽 곁에 따로 지어진 단층 건물이 보인다. 출입문 앞에 세워진 큰 패널에 '중국공농홍군 제4사 역사전시관'이라고 적혀 있다. 박국장이 다짜고짜 여기로 가장 먼저 오게 한 이유를 이제 알겠다. 학교 정문의 간판에 쓰인 것처럼 여기가 '홍4사 성립대회 유지'이고 그 부대의 역사전시관이 있어서인 것이다. 유서 깊은 장소요 필

수 경유지가 아닐 수 없다.

  기대 어린 마음으로 전시관에 입장해 관람했다. 전시물을 둘러보니 홍4사의 성립 연유와 편제 내역을 알 수 있었다. 1927년 12월 14일 화현에 들어온 봉기군의 지휘부는 현립 제일고등소학교의 교실 한 칸을 빌려 당 회의를 열고, 광저우에서 퇴각해온 교도단·경위단·특무영의 잔존병력 1,200여 명과 현지 농민군의 일부 골간을 합쳐 공농홍군 제4사로 개편키로 결정했다. 그리고 이튿날 15일에 고등소학교 운동장에서 홍4사 성립대회를 열었다는 것이다. 총

홍4사 역사전시관 입구의 패널

화성소학 정문의 '홍4사 성립대회 유지' 간판

병력은 2천 명 남짓이었고, 예용이 사장으로 선출되어 취임하면서 휘하에 3개 단 즉 10·11·12단을 두었다고 한다.

예용에 대해 나중에 자료를 찾아보니, 1899년 쓰촨성 레지현(樂至縣, 낙지현)에서 빈농의 아들로 태어나 멀리 허난성 뤄양(洛陽, 낙양)으로 가서 학병영(學兵營)에 들어갔다가 남쪽으로 내려가 황포군교에 입학해 다녔다. 김원봉과 제4기 동기생이었다. 1926년 졸업하고 임관해 리지선 휘하의 제4군 소속으로 북벌에 종군했다. 이듬해 우한 점령 후 군사정치학교 생도 4천 명으로 편성된 독립사의 연장이 되었고, 반란군 샤도우인(夏斗寅, 하두인) 부대를 토벌하는 서정(西征)에 참가해 전공을 세웠다. 독립사가 '교도단'으로 명칭이 바뀌어 제2방면군에 편입되었다가 다시 제4군에 병합될 때 교도단의 중공당 지부 서기이면서 제1영 영장으로 임명되었다. 그리고는 예젠잉 단장의 영솔하에 광둥으로 남하해 광저우봉기에 고위 지휘관으로 참가했다.

부사장으로 쑹샹타오(宋湘濤, 송상도), 참모장에는 위안유(袁裕, 원유)가 취임했음도 새로 알게 되었다. 갈 길이 바쁘니 30분가량 관람하고는 서둘러 학교를 나왔다. 교문 밖 담장에 동판을 길게 박아 벽화식으로 당시의 사적을 새겨놓은 것도 인상적이다. 이곳 주민들의 자부심이 같이 배어있는 것처럼도 느껴졌다.

화성소학 담장의 동판 벽화

『아리랑』에 그려진 광저우봉기 직후의 상황은 이러했다. 봉기군의 퇴각 대오는 사하를 거쳐 12월 14일 아침에 번우읍(현 광저우시 번우구)을 거쳐 가며 행군을 계속했고, 그날 밤 화현에 도착했다. 예용은 여기서 머물며 광저우 탈환을 준비할 거라고 말했다. 다들 피곤한 몸을 현청 뜰 안에 뉘어서 자는데, 담장 밖에서 민단이 쏘아대는 총성이 울렸다. 하루 지나 15일 오후까지도 광둥성 당위로부터는 아무런 지령이 오지 않았다. 거기서 마냥 기다리며 지체할 수는 없겠기에 예용 등의 지휘부는 펑파이가 건설해놓은 하이루펑 소비에트로 가기로 결정했다. 그래서 그날 저녁 충화현(從花縣, 종화현)을 향해 출발했다. 거기를 지나고 양구진, 지파진(地派鎭), 룽먼현(龍門縣, 용문현)을 거쳐 가 동강을 건너기로 한 것이다.

  16일 아침에 봉기군 대오가 산을 넘어갈 때도 기관총 가진 민단이 습격해왔고, 반격해 겨우 물리쳤다. 그날로 충화현에 도착하니, 다행히도 봉기군에 동정적인 분위기였다. 총상회(總商會)도 두려워서인지는 모르나 환영하는 표를 냈다. 충화현은 신중국 수립 후 광저우시 관할의 지급시로 되었다가 2014년에 승격해 지금은 종화구이다.

  실은 홍4사의 성립 지점과 날짜에 관해 약간의 모호성이랄까 의문점이 남아있다. 화현의 역사전시관 설명문과 달리, 홍4사 성립은 17일 충화현에서였다는 일부 기록이 있고, 14일에서 16일까지의 후퇴 정황에 관한 『아리랑』의 서술에 비추어봐도 그게 맞아 보이기 때문이다. 그런데 『아리랑』에는 이상하게도 홍4사 성립에 관한 언급이 전혀 없고, 1928년 광둥 땅을 완전히 벗어나기까지의 김산의 행로에 관한 모든 서술에도 일관되게 '교도단'으로만 표현된다. 그렇다고 하여 홍4사의 성립이나 그 존재가 부인될 바는 아니지만, 다른 부분에서는 상세하고도 구체적인 서술과 묘사가 돋보이는 『아리랑』이 유독 이 부분에서만은 명료함이 없이 두루뭉술하게 넘어가 버렸다. 왠지는 모르지만, 여하튼 애매함이 남게 되었음이 사실이다.

하지만 당시 홍4사의 간부였고 후일 승승장구하여 신중국 군부의 최고위직까지 오르게 된 쉬샹첸의 회고 기록이 이 문제에 대해 쐐기를 박아준다. 『인민일보』 1958년 7월 30일자에 그의 회고기 「하이루펑으로 달려가다(奔向海陸豊)」가 실렸는데, 거기에 홍4사 성립지를 '화현'으로 명기한 것이다. 이 글은 1964년 인민교육출판사에서 펴낸 같은 제목의 전국 중학어문 통일교재 책에 수록되었고, 그럼으로써 움직일 수 없는 정설이 되었다.

산시성 우다이현(五臺縣, 오대현) 출신인 쉬샹첸은 황포군교를 1기로 졸업했다. 광저우봉기 때 공인적위대 제6연대장이었다가 봉기군의 동진 대오에 동참하여 홍4사 성립 때 제10단의 당대표로 선출되었다. 그 후의 동진 대오에도 내내 함께하다 예융이 죽은 후 그 뒤를 잇는 사장이 된다. 그 후 1930년대에 마오쩌둥을 도우며 홍군 대장정에 참여했고 중화인민공화국 건립 후 최고위급 군인으로 성장했다. 그리하여 원수 계급으로 군사위원회 총참모장과 국방부장을 역임하고 1990년 90세를 일기로 사거했다. '살아남은 자'의 영광을 다 누린 것이다. 홍4사 성립대회 유지가 사적으로 지정된 것은 2010년대의 일이었는데, 쉬샹첸의 회고 기사가 권위 있는 확정적 준거로 삼아졌음에 의문의 여지가 없다. 현재의 중국어 문헌들은 예외 없이 다 '화현'으로 못 박아 기술하고 있다.

아무튼 우리는 화산진에서 동쪽으로 차를 몰아 어두워질 무렵에 종화구 양구진으로 들어섰다. 16일 아침에 민단이 습격해 왔을 때 전투가 벌어졌는데 그때 다친 부상자를 김산이 치료해주다 보니 본대와 일시 떨어져버린 것이 양구에서다. 이원규의 『김산 평전』은 이 대목에서 소설적 상상력을 가동시켜, 적의 포격에 부상 당한 '등채영(鄧彩英)'이라는 이름의 여대원을 등장시킨 다음, 그녀를 치료해주고 일시적 보호자도 되어준 김산과의 사이에 묘한 연정의 기류가 흘렀음을 길게 묘사한 바 있다.

김산이 걸음을 빨리하여 본대를 뒤따라 잡았겠듯이, 우리도 바삐 차를 몰고 계속 더 나아갔다. 그러다 종화구 인민정부 청사가 문득 눈에 들어온다. 위치는 이미 양구진을 넘어선 곳인 가구가도(街口街道)인데, 중국에서 '가도'란 '길'의 의미가 아니라 '진'보다 상급의 행정구역 단위이다. 지체할 새가 없어서 인민정부 청사는 외양만 얼른 보고 떠나야 했다. 화도구가 약진하며 활기 넘치는 곳이라면, 이곳 종화구는 변화에 좀 둔감하고 그만큼 조용해 보이는 곳이기도 했다. 해 질 무렵에 잠시 스쳐가면서 갖게 된, 매우 주관적인 느낌에 불과한 것이었을까?

가구가도를 떠난 우리 차는 양편의 낮은 산 아래로 숲과 풀밭과 큰 바위들이 듬성듬성 들어선 사이의 찻길을 달려갔고, 완전히 어두워진 후 어느 외진 농가에 도착했다. 종화구 여전진(呂田鎭) 파출소 옆, 박국장의 중국인 친구 집이었다. 선해 보이고 푸근한 인상의 주인 내외가 마련해놓은 닭찜에다 자가 제조한 거라며 내놓는 농주 몇 잔을 곁들여 제법 푸짐한 저녁을 먹었다. 집 옆 과수원에서 키워내 딴 복숭아 봉지를 선물로 받아 들고 다시 10분쯤 달려가니 그럴듯한 온천호텔이 우리를 반겨 맞는다. 종화구 그러니까 광저우시도 완전히 벗어나, 지금은 후이저우시 가장 북쪽의 룽먼현 관내 지파진이다. 지파는 예로부터 온천지대로 유명한 곳이다. 8시에 들어가 여장을 푼 호텔에도 여러 종류의 온천욕 시설이 아기자기하게 갖춰져 있어서 하루의 피곤을 풀기에 안성맞춤이었다.

2 | 지파진의 혁명열사 추모비와 구옥들

다음 날(11.28) 아침, 일찍 숙소를 나와 지파진 안으로 들어갔다. 홍4사가 계속되는 민단의 공격을 물리치며 지파로 진입한 것은 12월 19일 이른 새벽이었다. 주야 가림 없이 계속된 행군에 너무도 피곤해진 병사들이 길거리에 서로의 등을 대고 앉아서나 처마 밑의 벽에 기대 잠이 드니, 인민들이 동정을 금치 못했다고 한다.

지파진 들머리의 지명 표석

우리는 예정대로 고명로(高明路) 유치원 옆의 혁명열사 추모비를 먼저 찾아보았다. 중국 어디서나 볼 수 있을 양식으로 높게 세워졌고, 비석 상단에 붉은 별이 커다랗게 붙여져 있다. 추모되는 열사들의 이름이 비석에 새겨져 있지만 자세히 들여다보지는 못했다. 들여다봤더라도 누가 어떤 인물인지 지금은 알 턱이 없다.

거기서 약간 이동하여, 시장 골목과 그 옆의 낡은 기와집들도 찬찬히 둘러보았다. 지은 지 오래되어 몹시 퇴락해 있었지만, 어떤 집이건

지파진의 혁명열사 추모비

지파진의 구옥들

  적색 바탕에 금색 잔모래 글씨의 단구(短句)가 적힌 종이들을 대문과 기둥에 붙여놓았음이 무척 인상적이다. 이 동네의 풍정은 우리나라의 1960년대식 개발붐과 영락없는 시골 흔적이 병존하는 과도기의 것이라는 느낌이 강하게 들었다.

  시장 안 국수집에서 점심을 해결한 우리 일행은 지파진을 떠나 다시 길을 나섰다. 양쪽으로 울창한 숲이 둘러싼 도로를 따라가는데, 표지판을 보니 용담진(龍潭鎭)이란다. 한참 가다 보니, 도로변 개울 건너편의 외딴집 앞마당 같은 데서 두 사람이 뭔가를 하는 게 보인다. 울창하게 들어선 교목(喬木)들이 뿜어내는 피톤치드를 들이마시며 약간의 휴식도 취할 겸 차에서 내려 그쪽으로 걸어가 본다.

  개울 위에 판자를 몇 개 잇대고 밧줄 손잡이를 달아놓은 잔교(棧橋)

가 있다. 그걸 밟고 건너가 보니, 노부부가 도끼로 장작을 패는 중이었다. 간단히 인사말을 건네고, 작업 광경을 사진 찍었다. 부부는 친절히 맞아주었고, 촬영 좀 해도 되겠냐고 하니 기꺼이 응하며 각자 포즈를 취해준다.

3 | 룽먼현 거처 백망갱으로

홍4사는 12월 20일 룽먼현성에 도착해 3천여 주민의 환영을 받았다. 부대 성립 이래 처음으로 주민들이 성 밖까지 나와 진심으로 환영해준 곳이기도 하다. 그때와 같은 주민들의 환영은 없었지만 우리도 룽먼현성 앞으로 다가갔다. 그리고는 홍4사가 성을 향해 가며 통과했다는 석교를 밟아 건너본다. 다리 이름은 홍군교(紅軍橋)인데, 본래는 고악구교(古岳口橋)였다. 홍4사가 건너간 후 개명되었음이 교량 들머리의 난간에 동판으로 부착된 내력기에 적혀 있다.

이어서 홍4사 병력이 며칠 머무르는 동안에 본부가 들어서 있었다는 곳인 룽먼현 공상업연합회 건물 유지로 가보았다. 현재의 주소로는 용성가도(龍城街道) 정신가(頂新家) 16호이다. '용문상회'로 명칭을 좀 다르게 표기한 표석도 같이 있다. 그때 이 건물 안에서 홍4사가 정편회의(整編會議)를 열어, 영·연급 이상의 간부진을 임명하고 인원과 장비를 점검, 정비했다고 한다.

찬찬히 살펴보니, 유지 양옆으로 수십 년, 어쩌면 백 년쯤도 되었음 직한 석조 2층 건물들이 잇대어 들어서 있다. 연합회 건물 바로 왼쪽

룽먼현성의 홍군교 내력기

룽먼현의 홍4사 본부 주둔 유지

의 집은 1층이 빈 가게 같아 보이는데, 거기 중·노년 여성 세 명이 소파에 둘러앉아 담소 중이다. 창문을 두드려 말을 걸고 인사 나눈 후, 사진 찍기를 제의하여 같이들 찍었다. 여성들은 나이 불문하고 저마다 가장 멋진 모습으로 찍히게끔 표정과 포즈를 취한다. 사뭇 진지하기까지 해서 우리의 입가에도 흐뭇한 웃음이 절로 머금어진다.

용성가도 시장의 노가호(魯家戶) 식당에서 한국의 돼지국밥 비슷한 메뉴로 이른 점심을 먹고 다시 동쪽으로 길을 달렸다. 다음 기착지가 된 곳은 룽먼현 핑링진(平陵鎭) 산하촌(山下村)의 백망갱(白芒坑) 마을이다. 여기는 허위안현(河源縣, 하원현) 방향으로 가던 중인 홍4사가 12월 27일에 당도하여 3일간 머물러 있었다는 곳이다.

짧은 기간의 주둔 중에도 홍4사는 주민들을 위해 길 닦기, 우물 파기, 배수로 빼기, 땔감 해놓기, 정수(淨水) 등의 많은 일을

유지 앞에서 포즈를 취한 룽먼현의 여성들

백망갱 마을 전경

해주었다. 특히 촌민들이 산으로 올라가 계곡물을 떠와서 음용수로 쓰는 것을 보고, 부대가 마을 앞의 삼안천(三眼泉)을 확장 굴착해 큰 우물로 만들어주니, 훗날 '홍군정(紅軍井)'으로 명명되었다. 우물 뒤의 방호벽처럼 둘러선 거석에 시멘트를 입혀서 "이 물을 마시면서 우물 파준 이를 잊지 말지어다"라는 뜻의 문구 '飮水不忘掘井人'을 행서체로 크게 새겨놓았다. 우물 앞의 육중한 정사각형 화강암 기단부에 쉬샹첸의 휘호가 새겨져 있고, 그 위에 말년 군복 차림의 그의 흉상이 놓여있다. 천수를 누리며 오래 살았고 군인으로는 최고 영예의 지위에 올랐던 그였기에 가능해진 일일 것이다.

홍군정 유지와 그 표석

마을 중앙에 일렬로 들어앉은 흰색 양회벽(洋灰壁)의 가옥 네 채 중에 가운데 기다란 집이 전시관으로 꾸며져 활용되고 있었다. 들어가 보니 각종 기물과 의복들이 크고 작은 방들의 책상 위나 진열장 안에 놓여있든지 벽에 걸려있다. 때 묻고 낡은 것인데다 거의 실물을 방불

홍군정 유지 뒤의 거석에 새겨진 문구   쉬샹첸의 흉상과 휘호

케 하여 실감이 팍팍 난다. 하이루펑 소비에트 시절에 여기서도 생겨난 농민자위대의 활동상 위주로 홍4사 주둔의 흔적까지 약간 더하여 보여주는 것 같다. 그중에는 농민군이 썼던 원시적 무기가 여러 종류 있어서 이채롭다. 그러니까 농민투쟁사의 생생한 재현인 것이다.

전시물들은 실제로 쓰였던 것을 수집한 것인지, 아니면 솜씨 좋게 모조품을 만들어놓은 것인지 분간이 안 갈 만큼 정성과 자긍심이 느껴진다. 한국에서도 정부나 지자체의 주관 혹은 지원으로 곳곳마다 전시관·박물관을 앞다투어 세우느라 야단들인데, 여기 한 번 와보고

백망갱 전시관의
농민군 무기들

서 어떤 모델을 구해가야 하지 않겠나 하는 생각도 들었다. 형식과 내용 이전에 우선은 정신을! 나 혼자 감동하여 전시물을 다 둘러보느라 한참 걸렸다.

4 | 만록호에 혹하고
   남구진 거쳐 용와로

 백망갱에서 나와 한적하면서도 구불구불한 산길 포장도로를 동쪽 허위안시 방향으로 줄창 달리니, 이윽고 평지의 곧게 뻗은 도로가 되면서 차창 밖 왼편으로 큰 호수가 눈에 들어온다. 멀리 보이는 산록 아래로 아스라이 펼쳐진 호수 주변 풍경에 녹색이 완연하고 기온도 다사롭다. 한국이라면 4월 중순쯤 한창때의 봄 날씨 같다.
 드넓은 호수 이름은 만록호(萬綠湖)란다. 후난성의 동정호(洞庭湖)처럼 자연적으로 형성된 호수가 아니고, 수력발전을 위해 1958년에 댐을 축조하면서 생기게 된 큰 저수지이다. 중국어 명칭은 '신풍강 수고(新豊江水庫)'인데, 신풍강은 전장 480km의 동강으로 흘러드는 몇

만록호 풍경

만록호 풍경

몇 지류 중의 하나이다.

동강은 앞으로 계속 언급되겠거니와, 1927~28년 광둥의 혁명사, 그리고 그 막바지 홍4사와 김산의 고난에 찬 동진 역정에서도 중요한 의미를 띠는 상징적 지점이다. 그래서 잠시 동강에 관해 소개해놓고 넘어가기로 한다.

이 강의 발원지는 장시성 쏜냐오현(尋鳥縣, 심조현)의 아렴발산(椏鬖髮山) 남쪽 기슭이다. 거기서부터 흘러내려 광둥성 룽촨현(龍川縣, 용천현)에서 안원수(按遠水)와 만나 합쳐지며 본류를 이룬다. 그리고는 서남쪽으로 계속 흘러 허위안을 거친 다음, 후이저우에서 오른쪽으로 꺾이어 서향하다 둥관시 석룡진(石龍鎭)에서 주강 삼각주의 하구로 유입된다. 서강, 북강과 더불어 주강 유역의 3대 수계가 되는 동강은 본류가 길어서 신풍강·서지강(西枝江)·안원수 등의 지류를 거느린다. 그러므로 '동강 일대'라 함은 후이저우를 중심으로 허위안에서 둥관까지 펼쳐진 유역지대를 말하는 것이 된다.

각설하고, '내 맘대로' 운전자 박국장이 잘 가다 큰길에서 호수 쪽으로 갑자기 방향을 틀어 좁은 숲길로 들어간다. 우리야 당연히 그리로 가야 하는 줄 알았다. 그런데 갈수록 길이 좁아지고 꼬불꼬불인데다 차가 덜컹대기까지 한다. 의아해 하는 중에 길가에 흐르는 큰 개천의 건너편으로 멋진 형상의 암벽이 버티고 서있음이 시선을 빼앗아 간다. 그렇게 한참을 더 들어가니 넓은 평지의 호숫가가 나오는데, 한낮의 땡볕 아래 파라솔을 세워놓은 아래로 사람들이 나란히 들어앉아들 있다. 보니까 여럿이서 저마다 전동식의 긴 낚싯대를 드리워놓고, 찌의 반응을 응시하다가 아주 빠른 손놀림을 보이곤 한다. 뒤쪽에 고급 승용차들이 늘어서 있고 드문드문 남녀가 섞여 있음을 보면, 전업 낚시꾼이기보다는 유람길에 낚시 체험하겠다고 들른 위락객들인 것 같다.

만록호반의 낚시터 광경

그 광경을 멀리서 바라보다 차를 돌려 되돌아 나왔다. 알고 보니 박 국장은 길을 몰랐거나 착각해서가 아니라 짐짓 아무 말 없이 슬쩍 이리로 들어온 것이었다. 우리한테 만록호 풍경을 일부나마 보여주고 싶어서 그랬을 것임을 어찌 모르랴. 갸륵한 충심!

원래 가던 큰길과의 접속 지점으로 나오니 얼마 안 가서, 도로공사 중에 나온 암석과 자갈을 쌓아놓아 만들어진 듯한 돌무지 같은 곳이 길가 고비에 있다. 낑낑대며 그리로 올라가, 간식 먹으며 바람을 좀 쐬었다. 내려와 다시 1시간쯤 동남쪽으로 내달리다 보니 멋진 정자 하나가 우뚝 서 있다. 그 곁의 표지판에 둥위안현(東源縣, 동원현) 신회룽진(新回龍鎭) 동성촌(東城村)이라고 적혀 있다.

해 질 무렵에 동강 중류쯤에 위치한 둥위안현 남구진(藍口鎭)으로 들어갔다. 홍4사가 충화현에서 하이펑으로 향해 가는 길에 동강을 건너기 위해 중간기착 목표지점으로 삼았던 곳이다. 김산과 홍4사 일행은 실제로 남구에서 동강을 건넜는데, 그때 건넌 다리가 지금의 남구대교이다. 멀리 서쪽 하늘을 검붉게 물들이며 장관을 이룬 석양을 난간에 기대어 촬영했다. 근

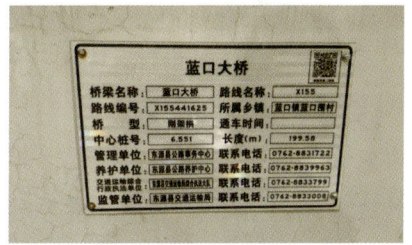

남구대교의 종점과 표지판

처 식당에 들어가 간단히 석식을 해결한 후, 다시 남쪽으로 달려 허위안시 가장 남쪽의 쯔진현(紫金縣, 자금현)으로 들어섰다.

이곳 쯔진현에서 1927년 12월 1일에 소비에트정부가 수립되었다. 그리고 홍4사가 12월 21일에 여기로 들어왔다. 『아리랑』에는 '자금'을 농민들이 1개월 동안 포위해 있던 중에 '우리' 즉 홍4사가 당도해 점령하고 읍장, 총상회장, 교육장을 체포해 농민적위대에 넘겨주었다는 기록이 있다. 그 3인을 농민군이 잔혹하게 처형해버리는 정황과 그에 관한 김산의 고뇌가 『아리랑』에 자세히 서술되어 있기도 하다.

컴컴해진 도로를 따라 계속 주행하니 용와진(龍窩鎭)이고, 인민정부 청사가 보이길래 그 앞 주차장에 차를 댔다. 그리고는 백색 콘크리트 건물인 청사 사진을 찍는데, 청사 안에서 공무원이 달려 나왔다. 이슥해진 밤 9시 반에 도깨비처럼 나타나 셔터를 눌러대는 작자들이 당직자로서는 수상쩍기 짝이 없고 그냥 넘어갈 수가 없었을 것이다. 큰 소리로 질문이 오고 박국장이 대답하고, 한참 어수선했다. 우리의 신원과 여행 목적을 밝혀 말하고 설명하자 비로소 납득이 되는지, 제복의 공무원들 태도가 확연히 순해지며 담배를 권하고 우의를 표한다.

고맙게 받아 맛있게 피우고 다시 이동해, 소로를 이리저리 꺾고 돌아 인민광장을 찾아가 보았다. 밤 10시경이었지만 사방의 경계등이 환히 비추고 있어서 광장의 모습이 한눈에 들어왔다. 역시 '중국적 특색'을 과시하듯이 '광장' 이름 그대로 아주 넓었고, 빙 둘러 스타디움 식으로 설치된 관중석도 무척 컸다. 각종 공공 집회나 기념식 혹은 운동회 장소로 쓰이는 것 같다. 가리개 역할의 콘크리트 지붕이 덮어주는 주빈석의 뒤편으로 언덕바지 비슷한 곳이 있다. 올라가 보니 여기에도 혁명열사 기념비들이 서있다. 용와에서 홍2사와 홍4사가 만났다는 표지석도 있다. 그렇다면 꽤 의미 있는 곳이 된다.

용와까지 오는 동안의 홍4사 행군 경로에는 어려움이 많았다. 중간중간 주민들에게 길을 물어보았기 때문에 목적지가 노출되어 적군이 요소요소에 매복해 있었다. 총을 뺏으려고 행군 대오의 뒤를 습격하는 주민들도 있었다. 먹을 것도 없어서 대오 전체가 다들 지쳐 있었다. 그래도 전갈받고 수천 명의 하이펑 적위대가 수백 리를 걸어서 용와까지 마중 나와 호위해준 덕분에 무사히 1월 초순에 하이펑 현성으로 들어갈 수 있었다. 나중에 보겠지만, 홍4사가 홍2사와 처음 상면케 된

쯔진현 용와진에서 홍2사와 홍4사가 만났다는 지점 표지석

용와진 인민광장 스타디움 벽의 홍군 부조상

것도 거기 하이펑에서였다. 그러므로 용와진 인민광장 뒤편 언덕의 표지석은 정확히 말하면 홍4사와 하이펑 적위대와의 첫 만남을 기념하는 것이다.

5 | 고담진의 밤과 아침

 우리의 그날 여정은 용와진에서 끝나는 것이 아니었다. 다시 1시간 이상을 남서쪽으로 달려서 밤 깊어진 11시에 종착지가 된 곳은 후이저우시 후이둥현(惠東縣, 혜동현)의 고담진(高潭鎭)이었다. 용와진에서 고담진까지는 꽤 먼 거리인데, 박국장이 야간 고속주행의 강행군을 해버린 것이다.

 예약된 숙소인 듯 '문기주점'이란 데로 들어가니, 좀 허름하지만 여유 있어 보이고 아주 조용한 분위기이다. 여관 주인장과 박국장은 진즉 친숙해진 사이였던 거 같다. 여장을 풀어놓고 재촉하는 소리에 서둘러 방을 나와, 모여서 같이들 거리를 걷기 시작했다. 숙소 앞의 언덕길을 조금 올라가니 상점가가 나오는데, 그 길목에 '마르크스가(馬克思街)'라는 큰 글씨의 간판이 압도하듯 서 있다. 마르크스의 트레이드 마크인 털보 얼굴의 황동 흉상도 미소 띤 모습으로 늠름하게 놓여 있다.

 속이 좀 허해졌고 목도 마른 우리는 마르크스가를 대충 걸어보고는 내려오면서 들어가 마실 곳을 눈으로 찾아 살폈다. 마침 한국식 실내포장마차 형의 가로변 주점이 몇 군데 보이기에, 그중 한 곳을 택해 들어가 술과 안주를 시켰다. 오늘의 여정이 퍼부어 주던 감흥을 그대로 죽이고 잠만 잘 수는 없어서 그랬다고 믿어주시라. 나중에는 점포 밖 파라솔 탁자로 나와 앉아 이런저런 얘기를 나누다 보니 정말 이슥해졌다. 내일을 위해 아쉽게 파하고 숙소로 돌아갔다.

 11월 29일, 기행 3일차이다. 일찍 잠이 깼다. 일어나 여관 밖으로 나와, 어젯밤과는 반대 방향으로 내려가면서 건물 사이 이면도로를 혼

마르크스거리의 마르크스 흉상   레닌 흉상

자 산책했다. 보행 중에 도교풍의 노인 도사를 조형한 것 같은 조그만 석상들과 그 앞에 차려진 제물 탁자에 기원문이 쓰인 두루마리 종이들이 놓인 것을 수차 보게 되었다. 아아, 공산당 통치에서도 민중의 신앙심은 여전하구나, 멸해질 수가 없구나, 그러면서 유구한 뿌리가 이어져 가는구나. 평범한 서민들은 선조의 영혼 불멸을 믿으며 자신의 건강·안녕과 가족의 번성·행복을 그 앞에서 기구하는구나. 한 마디로 기복신앙인 것이다. 도교 쪽으로 기울어 있는 그 신앙은 특히나 광둥에서 오랜 연원을 갖고서 지금도 계속 전승되는 것으로 보인다.

골목을 빙 돌아 한참 가다 큰길로 나오니, 튼튼한 담장 안에 현대식 빌딩이 늘어서 있다. 차지한 부지가 매우 넓고, 그만큼 넉넉한 마당에다 주차장도 크다. 제복 차림의 경비원이 지키고 서 있는 정문으로 다가가 보니 '광둥 동강간부학원'이다. 고담진에서 가장 크고 웅장하며 잘 정비된 건물이 산책길에 우연히 발견된 것이다. 광둥에서 일반 간부학원은 선전 및 샤오관과 이곳 말고는 달리 없는 것으로 보아, 광둥성 중·동부의 간부급 당원·공무원을 전담하여 연수시키는 곳이 여기인 것 같다.

일행이 다 모여 마르크스 거리를 다시 답사해본다. 환한 아침햇살 아래 엥겔스(恩格斯)의 흉상도 당당히 서있음이 발견된다. 그뿐인가, 레닌(列寧)도 그 옆에 '나도 좀 보시오'라는 듯이 있다. 아무래도 무슨 특구인 것 같다. 조금 더 걸어 올라가, 주상복합 건물들이 마주 보며 쭉 늘어서 있는 러시아식 포석로로 들어선다. 건물마다 이마에 붉은 천 노란 글씨의 사회주의 혁명 구호를 붙여놓고 있다. '붉은 거리'임이 확실하다. 영화 「배트맨」의 고담시가 불현듯 생각난다. 당연하지 않은가? 이곳과 그곳, 둘 다 굉장히 기묘하고 특별한 곳이다. 하지만 정반대 방향의 특성을 가진 곳들이라는 점도 분명하다.

'붉은 거리'를 다 걸어 내리막길로 들어서니, 다시 또 큰 건물이 기다렸다는 듯이 앞을 가로막는다. 〈고담 혁명역사진열관〉이라는 표찰이 벽체 중간에 큼지막하게 걸려있다. 이른 아침인데도 간부학원의 연수생 단체관람객이 벌써 많이들 와서 줄지어 선다.

진열관 안으로 들어가보니, 〈고담 노소구(老蘇區) 혁명기념당〉이라는 방이 따로 있다. 그걸 보니 간밤 여기로 오던 도중에 '蘇區鎭'이라는 글자가 선명히 박힌 표지석이 목격되었음이 생각난다. 용와진을 벗어나 얼마 안 가서 큰길 굽이에 떡하니 서 있었다. 알고보니 그 소구진은 쯔진현 관내의 한 소읍인데, '소비에트 구역이던 진'이라는 뜻의 명칭이다. 1927년에 농촌소비에트가 세워져 눈부신 활동을 보였음을 기념하여 전국 유일로 특별히 붙여진 고유 지명이라 한다.

'소구진' 입구의 표지석

광둥성 각지의 당·정 기관에서 파견되어왔을 연수생 관람객들은 기념당에서 예외 없이 경건한 태도, 엄숙한 표정에 거동도 조심스럽다. 지하 1층에 '혁명역사' 관련 사진과 대형 그림들이 저마다 설명문을 거느리고 벽에 부착되었거나 유리판 밑 진열장에 빽빽이 놓여 있다. 우리 일행은 각자의 관심과 임무에 따라 찬찬히 들여다보거나 사진 찍기에 바쁘다. 전시 내용은 다채롭고, 몰랐던 사실을 알게끔 해주는 것이 꽤 된다.

전시물 중 하나인 「고담혁명대사기」를 읽어보니, 1922년에 펑파이가 고담에 와서 선전 발동하고 농회를 조직하여 혁명의 불씨를 놓았다고 적혀 있다. 1924년 8월에 고담구 농회가 농민대회를 소집했고, 1926년에는 고담구 농민군 300인이 하이펑으로 가서 무장서사대회(武裝誓詞大會)에 참석하고 돌아와, 같은 식의 서사대회를 여기서도 개최했다고 한다. 그리고 1927년 11월 11일 고담구 소비에트정부가 성립했다. 어제 가본 쯔진현의 소비에트 성립 일자보다 20일 빠르다.

고담진 공농병 대표대회를 묘사한 부조 (출처: 고담 노소구 혁명기념당)

고담진 농민적위대의 관청습격 장면 (출처: 고담 노소구 혁명기념당)

 무지막지하다싶게 밀어붙여진 간밤 여정의 이유가 이제 이해되고 고개 끄덕여진다. 박국장이 우리에게 보여주려고 단단히 벼른 곳이었구나, 그래서 그 늦은 시간에도 허겁지겁 여기로 달려온 거구나. 하지만 한 가지 분명히 해둘 것은 있다. 여기는 홍4사와 김산이 거쳐간 곳이 아니라는 점이다. 그래도 펑파이가 점화한 동강지구 농민혁명의 불길이 얼마만큼 큰 기세로 타올랐는가에 대해서는 가장 실감 나게 잘 이해할 수 있는 곳이었다.

6 | 중동촌의 위엄과 홍2사의 목소리

고담진의 여러 풍경에 얼마간 위압이 된 듯도 한 기분 속에 차를 몰고 나선 우리는 30분쯤 북으로 달려 조면산(朝面山) 아래의 중동촌에 다다랐다. 축구장 6,7개쯤 족히 될 만큼의 넓은 면적에 들어서 있는 혁명기념광장이 가장 먼저 우리를 맞는다.

중동 혁명기념광장 표지석

기록을 찾아보면, 본래는 '공농혁명군'이 난창봉기 때 창설되었고, 봉기 실패 직후 허룽군과 예팅군의 2만 5천 명이 남하했다. 험준한 산악지대를 통과하고 큰 강도 여러 개 건너는 간난신고의 행군 끝에 광둥성의 동부로 들어선 혁명군은 9월에 차오안과 산터우를 점령했다. 그러나 국민당군의 반격에 밀려 푸닝지구로 철퇴하여 수차 전투를 치르는 동안에 많은 사상자가 났다. 잔존인원이 1,200여 명밖에 안 된 상태에서 둥량(董朗, 동랑)이 그 병력을 이끌고 동강지구로 서진했다. 1894년 쓰촨성 청두(成都, 성

홍2사 성립지임을 알리는 대형 조형물

도) 태생인 둥량은 황포군교를 제1기로 졸업하고 1925년 11월 광둥성 자오칭에서 국민혁명군 독립단이 창립될 때 예팅 단장의 참모가 되어 북벌에 참전했다. 이듬해 제11군 24사의 영장을 거쳐 1927년 봄 허난성 샹차이(上蔡, 상채) 전투에서 큰 공을 세워 제70단장으로 승진했고, 10월에 푸닝에서 24사 사장으로 보임되자 1,300여 명의 병력을 이끌고 갈석계(碣石溪)로 갔다. 그리고 거기서 동강농민자위군과 결합시켜 공농혁명군 제2사로 개편하였다.

이로부터 동강 혁명근거지에 중공당이 영도하는 신형 인민군대가 있게 되었다. 그 과정에는 중공중앙 남방국의 지시를 받은 중공당 동강특위와 동강혁명위원회의 개입과 지도가 있기도 했다. 홍2사 본부는 예하 단에 당위를, 영에는 총지부를, 그리고 연마다 지부와 사병위원회를 설치했다. 그만큼 중공당의 통제력과 대원들의 정신전력 및 조직단위의 응집력을 다같이 중시한 것이다.

하지만 중동촌 또한 고담진이 그렇듯이 홍4사나 김산의 행보와는

홍2사 성립 경위에 관한 석각 설명문

중동촌의 홍군정과 그 표지석

직접 연결된 곳이 아니었다. 그래도 광저우봉기 이후 동강지구에서 재기한 홍군의 한 단위가 웅거했던 곳이라는 의미가 크고, 그래서 우리가 들러본 것이다.

광장으로 들어서니 여기에도 백망갱처럼 '홍군정'이 있다. 하지만 한참 늦게 2002년에 조성된 것이다. 진짜 홍군정은 백망갱의 것이고, 여기 중동촌 광장의 것은 그 모방물인 것이 된다. 광장 맞은편에 나지막하나 단단해 보이는 대칭형 단층 건물이 있다. 백경루(百慶樓)라는데, 동강특위와 혁명위원회 그리고 홍2사 본부가 같이 들어섰던 구지다. 여기서 '홍군차'를 열심히 만들어 파는데 콩물이다. 한 잔 사서 마셔주는 것이 예의일 것이고, 우리는 마음이 명하는 예의대로 따랐다. 그리고는 새 행선지로 떠났다.

백경루와 그 쓰임새 표석

III

하이펑에서의
김산과 홍4사

1 | 공평진의 저우펑 생가를 찾아서

중동촌을 떠난 우리는 1시간 후 산웨이시 하이펑현 공평진(公平鎭)의 군전촌(軍田村)에 다다랐다. 펑파이의 어머니 저우펑(周鳳, 주봉) 여사의 '고거'(故居, 옛집)로 칭해지는 생가를 보기 위해서다. 극빈 농가에서 1871년에 태어난 그녀는 다섯 살 때 여종으로 인근의 부잣집에 팔려갔고, 17세 때 하이펑의 대지주 펑신에게 되팔렸는데 근실·총명함이 펑신의 눈에 들어 첩으로 들여지고 두 딸과 세 아들을 낳았다. 1896년생 펑파이는 그중 차남이었다. 저우펑의 생애와 인물됨이 잘 알려져 있진 않으니, 먼저 그녀에 대해 약술해보겠다.

펑신과 그의 정처 둘 다 1906년에 병사하고부터 펑씨 집안의 일은 저우펑이 주관해 갔다. 펑파이가 일본 유학을 갈 수 있었던 것도 모친의 든든한 지지와 후원 덕분이었다. 유학에서 돌아온 펑파이가 농민운동을 시작했을 때 저우펑은 몹시 싫어하고 반대했다. 그러나 시간이 지나면서 점점 이해하게 되어 결국은 완전 지지로 돌아섰다. 그래서 자신의 저축금과 금붙이를 모두 내놓아 농회의 경비로 기부했다. 1925년 국민혁명군의 동정 때는 망부가 남기고 간 호화저택을 동정군의 장령과 고문단에 제공하여 숙소와 회의실로 쓰게끔 했다. 하이펑의 최대 실력자인 천중밍과 그 추종세력의 눈치를 전혀 보지 않는 용감한 처사였다. 장남 펑한위안(彭漢垣, 팽한원)과 3남 펑슈(彭述, 팽술)도 어머니처럼 펑파이를 적극 도와갔다.

1928년 2월에 하이펑 소비에트가 붕괴되고부터 펑씨 집안은 가혹한 탄압과 살육의 제물이 되어, 저우펑은 세 아들과 두 며느리 및 장

손을 다 잃고 말았다. 훗날 신중국 수립 후 이 6인은 모두 '혁명열사'로 추존된다. 그녀 자신도 1930년에 국민당군에 잡혀가 투옥되었는데, 견정불굴의 자세로 버텨내고 당조직과 진보적 인사들이 도와도 준덕에 풀려나 홍콩으로 피신 이주했다. 항일전쟁기에는 손자녀 6명이 연달아 혁명전선에 투신했고 저우펑은 변함없이 응원하였다.

1956년 베이징으로 초청받아 마오쩌둥과 저우언라이를 접견하고 '혁명모친' 칭호를 받았다. 하지만 문화혁명의 광풍은 그녀라고 비켜가 주질 않아서, 1966년 하이펑에서 모진 핍박을 당했다. 그래도 급보를 받은 저우언라이의 구조로 목숨은 잃지 않았다. 부당한 투옥에서 풀려난 그녀는 광저우의 병원으로 옮겨져 요양하다 1973년 102세로 작고하였다.

저우펑의 생가는 한적한 농촌 소로 변의 자그맣고 소박한 단층 석조건물의 모습으로 남아있다. 주인 없는 빈집의 행색을 여실히 보여주듯, 여기저기 칠이 벗겨지고 목재와 외장 시멘트는 아주 오래된 느낌이 역력하다. 손을 대 수리하거나 '복원' 작업이 가해진 바 전혀 없는 것 같아도 보인다.

19세기 후반의 집치고는 아주 튼튼하게 지어졌던 것인지, 아직도 외형이 그대로 유지되고 있는 것이다. 하지만 저우펑이 태어난 극빈농의 집이라고 보기에는 어딘지 미심쩍은 면도 있다. 혹 저우펑이 펑씨 집안의 주인이 되고 나서 고향의 부모나 형제를 위해 돈을 들여 개축해주었을지도 모른다. 그랬을 가능성이 상당히 커 보인다. 어쨌든 그녀의 생가터와 주택은 부수거나 없애버리지 않고 그냥 남아있는 것만도 다행이라는 듯이, '원래 모습 그대로'를 연출하며 고즈넉이 앉아있는 것이었다.

저우펑의 생가('펑파이 모친 저우펑 고거') 모습

 출입문이 잠겨 있어 안으로 들어가지는 못하는데, 저우펑의 사진도 없이 출입문 위에 목재 간판이 걸려 있고, 바깥쪽의 벽체에 석각판과 간략 설명문이 적힌 아크릴판이 부착되어 있다. 반면에 펑파이가 처음 농회를 결성했을 때의 동지 5인의 사진을 전원 여기서 볼 수 있다. 그들도 아들 못지않게 저우펑의 아낌을 받았다는 뜻인지? 그렇게 저우펑의 친정 옛집을 대략 돌아보고 나오는데, 길 건너 저편에서 무슨 잔치가 열린 것인지 몇 채의 큰집에 사람들이 많이 모여 떠들썩하니, 이곳의 고요와 묘한 대조가 되었다.

2 | 연화산 선인동에서

 자동차도로에서 군전촌으로 꺾어 들어가는 긴 농로를 되돌아 나온 우리는 쉼 없이 달려가 연화산(蓮花山) 아래의 등산로 입구 겸 위락단지 비슷한 곳에 도착했다. 암록색의 수풀과 바위가 들어찬 연화산이 저 위편으로 웅장하게 박혀 앉아있고, 산허리는 은은한 연무로 감싸여있다.

지체할 것 없이 우리는 바로 산으로 올라갔다. 가늘게 흘러내리는 물줄기가 멀리 아래서도 보이는 폭포까지 가볼 요량이었다. 하지만 산세가 만만치 않고 경사가 급했다. 허위허위 가쁜 숨을 몰아쉬며 올라갔지만, 결국은 산 중턱에서 만난 선인동(仙人洞)의 도교사원을 잠시 둘러보고 발길 돌려 하산해야 했다. 계획된 오늘 일정을 위해 쓸 수 있을 시간이 또 빠듯하다는, 핑계 아닌 핑계를 서로들 대면서였다.

공평진에서 연화산 가는 길

도교사원에는 송나라 때 사람인 바이유찬(白玉蟾, 백옥섬) 도사의 동상이 흰 수염을 늘어뜨린 모습으로 멋지게 세워져 있었다. 그는 어렸을 적 출가하여 천하를 주유하며 널리 도를 구하고 마침내 깨우쳐 도교의 남종(南宗)을 창시했고 시·서·화에 모두 능한 인물이었다고 한다.

'선인동'이라고 굵게 음각된 절벽

펑파이가 은신해 있으면서 최후의 항전을 지휘한 곳이라는 동굴이 멀리 올려다보이는 폭포 뒤에 있을 거라고 박국장은 계속 미련을 보인다. 나로서는 동의도 부인도 하기가 어려웠는데, 기록에 비추어보면 그곳은 펑파이의 은신처였기보다는 홍2사·4사 대원들이 일시 집결해 회의를 열고 중요 결정을 내린 곳이었을 가능성이 더 커 보였다. 귀국 후에 자료를 찾아 살펴보니, 막다른 상황에 몰린 펑파이가 은신처로 썼던 동굴과 폭포는 여기가 아니고 다른 곳이었다. 하지만 저 폭포와 동굴이 아니더라도 연화산은 홍4사가 끈질기게 벌여간 유격전의 근거지였음에서 그냥 지나쳐버릴 곳이 결코 아니다.

다만 근거지의 정확한 지점을 특정해낼 수는 없었는데, 어쩌면 산 아래의 위락단지 부근이 문헌 속의 포자동(埔仔峒)인 건 아니었을까 하는 생각이 들었다.

연화산 아래의 위락단지 원경

3 | 하이펑의 홍궁·홍장 구지를 돌아보며

연화산 중턱까지 오르내리며 한 시간가량 보낸 우리는 산 아래 초입에서 다음 목적지를 향해 출발했다. 그로부터 하이펑현의 중심지인 해성진(海城鎭)으로 들어가는 데 40분쯤 걸렸다.

홍4사의 하이펑 입성은 1928년 1월 5일의 일이었다. 새해 벽두에 리리싼이 홍콩에서 광동성위 전체회의를 소집해 '폭동 계속' 결의안을 통과시켰다. 이에 따라 1월 3일부터 5일까지 동강지구 7현에서 농민대회가 개최되었는데, 때마침 그 마지막 날에 홍4사가 하이펑의 보루인 해성에 도착했고, 해성 안 홍장(紅場)에서 홍2사와 감격적인 상봉을 했다. 서쪽에서 동강지구로 향진한 홍2사가 먼저 들어와 있었던 것이다.

홍2사와 홍4사의 상봉 장면 조형물

하이펑 혁명사가 기념되는 장소로 대표적인 곳은 혁명투쟁사기념관과 그 안의 홍궁(紅宮)·홍장 구지이다. 우리가 기념관 입구에 도착했을 때는 입장 허용 시간이 지나버린 후였다. 중간에 동강당교 구지와 총공회 구지를 먼저 둘러보고 간 때문이다(이 두 곳에 대해서는 조금 뒤에 얘기할 것이다). 박국장이 급히 연락을 취해 기념관의 뤄샤오메이(羅曉梅, 라효매) 고문에게 도움을 청하니, 그녀가 나와서 도와주어 특별히 입장할 수 있었다.

그녀는 홍궁·홍장구지기념관의 '자탐강해(資探講解)' 고문으로, 그러니까 학예연구사와 시설해설사들의 고문 지위에, 10여 년 재임해온 분이다. 그 기간에 수십만 자의 해설원고를 써내고 다종다양한 안내 책자를 만들어내 하이루펑의 혁명정신과 혁명문화 현양에 걸출한 공헌을 했고 '미성년자 사상·도덕 건설 공작'의 모범이 되었음이 인정되어 2017년에 '광둥의 좋은 사람[廣東好人]'으로 선정되었다고 한다. 그러니 기념관 정문의 관리원에게 한마디만 해줘도 바로 먹힐 수가 있었던 것이다.

간단히 말해 홍궁과 홍장은 하이펑 소비에트의 성립과 그 후의 정책 결정 및 집행의 중심적 현장이었다. 1927년 11월 18일부터 21일까지 4일간 하이펑현 전체의 공·농·병 대표 311인이 모여 회의를 연 곳이 붉은 깃발로 뒤덮였다고 해서 훗날 '홍궁'으로 명명되었다. 원래는 명나라 때부터 학궁(學宮) 즉 학교 겸 도서관이 있어 온 곳인데, 거기서 중국 최초의 소비에트정부 성립을 선언하고 토지몰수안 등을 결의한 것이다. 홍장은 홍궁의 동쪽에 넓게 자리한 광장이다. 홍궁과 홍장은 이름 그대로 담장이 전부 적갈색이고, 기념관 입구의 문루에 '홍장'이라고 크게 쓰인 글씨도 그렇다.

하이펑의 홍궁 구지

앞서 10월 30일 고담진 중동촌에서 성립한 홍2사는 사장 둥량의 지휘하에 하이펑으로 들어가 제3차 무장봉기를 일으키고 11월의 소비에트정부 건립에 참여했다. 12월 1일에는 홍2사와 둥강지역 각 현 대

홍궁 내부와 전시물 일부. 석고상은 펑파이

표 및 주민 등 약 5만 명이 홍장에 운집하여 소비에트정부 성립 경축 대회를 열었다.

그러므로 하이펑은 홍4사보다 홍2사와의 인연이 더 먼저였고 또한 두텁다고 할 만했다. 실제로 현재도 홍장의 담장 가까이에 홍2사 기념 정과 비석이 세워져 있다. '농민운동의 대왕' 펑파이의 동상이 그 근처에 우뚝 서 있고, 앉아서 농민들에게 설유하는 모습의 조상도 인상적이어서 시선을 끈다.

홍장 내 홍2사 기념정과 그 비석

홍2사 기념정의 비문

농민들을 설유하는 펑파이의 조상

홍장 안의 펑파이 동상

　홍4사의 하이펑 도착 다음날인 1월 6일에는 홍장에서 환영대회가 열렸다. 펑파이는 15명의 조선동지 환영회를 따로 열어주었다. 국제주의 정신에 충실한 행동이었다고 말해질 수 있겠지만, 조선인 혁명가의 자질과 능력을 그가 높이 산 때문이었기도 할 것이다.

4 | 홍4사 주둔지와 유격근거지를 찾아보다

  하이펑 현성에서 3일간 휴식하고 홍4사는 연화산 아래의 포자동으로 들어갔다. 본부는 부담촌(浮潭村, 일명 연광촌[蓮光村])의 황씨종사(黃氏宗祀)에 두고, 휘하의 4개 연은 포격촌(布格村)에, 다른 2개 연은 백목양(白目洋)에 주둔토록 했다. 그리고는 각개 단위대로 고사(高沙)와 황강(黃羌) 등지로 나가서 드문드문 유격전을 벌였다. 홍2사는 북쪽의 조면산 아래 중동촌으로 되돌아가 하이루펑 소비에트를 보위하는 한편, 전략적 요충지인 푸닝으로 동진해 가서 농민봉기를 돕고 소비에트정부 건립도 하나씩 해냈다.

  하이펑 1차 답사 후의 다음날(11월 29일) 오전에 우리는 해성진 시내에서 차로 1시간쯤 걸리는 부담촌을 찾아갔다. 황씨종사가 있는 곳으로 가보니, 낡은 기와집 두 채에 홍4사 구지임을 알게 해주는 표지가 몇 개 부착되어 있었다. 그 외의 유물 같은 것들은 찾아볼 수 없었다. 주변 풍경은 한적하고 쓸쓸한 느낌이 가득했다. 부담촌 이외의 격전지 또는 백군에 의한 주민 학살지였다는 적석(赤石), 매롱(梅隴), 청조(青棗) 등지는 거리가 멀고 시간이 딸려 찾아가 볼 수가 없었다.

  그 대신에 우리는 부담촌에서 1시간 반을 달려, 하이펑현 동부의 가당촌(可塘村)으로 가보았다. 이 마을의 섭씨종사(葉氏宗祠)에서 1928년 1월 9일 홍4사의 제1차 당원대회가 소집 개최되었다고 함에서다.

홍4사 본부 구지인 부담촌의 황씨종사

홍4사 당원대회가 열렸던 가당촌 섭씨종사

그때 300여 명이 참석한 가운데 당위 간부진을 선거하여, 예용을 사장으로 재선출하고 제10단 당대표이던 쉬샹첸을 홍4사 당서기로 자리를 옮기는 위안유의 후임 참모장으로 선출했다 한다. 쉬샹첸은 이번에 참모장이 되면서 황포군교 3기 후배이지만 나이는 두 살 위인 사장 예용을 최측근에서 보좌하게 된 것이다.

섭씨종사에는 무정(武丁·武亭, 본명 김병희[金炳禧])의 후손이라는 김홍(金紅)씨가 2020년에 세워놓은 기념비도 하나 서 있다. 비문은 비교적 자세히 적혀 있으나, 사실과 어긋나면서 인식의 착오를 야기할 내용이 몇 군데 눈에 띄어 유감이었다.

5 | 하이펑에서의 김산과 동강당교 구지

홍4사가 하이펑현성을 떠날 때 김산과 오성륜은 동행하지 않았다. 펑파이의 특별요청으로 잔류하게 되었던 것이다. 그 직후 김산은 펑파이와 함께 하이루펑 혁명재판소의 재판위원이 되었다. 7인 위원회의 일원으로인데, 맡고 보니 사형 선고도 하게끔 되어 있었다. 사형 집행의 경우, 홍군은 총살만 하지만 농민 적위대원들은 잔혹한 방법으로의 처살을 서슴없이 감행했다. 소년기 이래 기독교와 톨스토이의 영향을 깊이 받아온 김산은 그런 장면을 견뎌내기가 어려웠다. 그 모습을 본 펑파이가 "당신은 어리고 순진하군."이라고 코멘트했고, 김산도 곰곰이 생각해본 끝에 "악을 멸망시키는 것이 선이다." "잔인함이야말로 원천적 잔인함을 끝장내 준다."는 결론에 이르러 농민들의 처사가 공평하다고 보게 된다.

김산은 하이루펑의 토지개혁에 크게 감동받고, 훗날 조국으로 돌아가면 농민해방운동을 이렇게 이끌겠다는 꿈을 꾸었다. 그러면서 그는 말했다. "우리는 하이루펑 소비에트가 번창하고 있음을 보고 벅차오르는 감격과 흥분을 느꼈다. 우리는 광저우를 잃었지만 이곳 농촌지방에서는 승리할 것이다."라고. 김산은 1937년에도 자신의 인생에 크게 영향을 준 세 인물로 오성륜·김성숙 다음으로 펑파이를 꼽았다. 펑파이를 자신이 존경하는 가장 훌륭한 중국 지도자였다고 님 웨일즈에게 말하기도 했다. 다 이런 경험들 때문이었다고 하겠다.

김산은 동강특위 직속으로 하이펑에 특설된 공산당학교에서도 일했다. 이 학교는 하이루펑, 쯔진, 푸닝, 후이라이, 후이양 등지에서 선발되어 온 100명의 학생에게 1928년 1월 21일부터 2월 21일까지 한 달간 당조직 건설, 농민운동 공작, 혁명문제, 군사학 등을 교육했다. 모든 학사 운영은 '교위'에서 주관했는데, 위원은 서기 류진한(劉錦漢, 유금한)과 장북성(즉 김산), 함성(즉 오성륜) 3인이었다.

교위 밑에 두어진 교무처는 함성이 책임자가 되어 정치과, 군사과, 기술과, 편찬과를 운영했다. 커리큘럼 작성과 운영은 당연히 교무처 소관으로, 정치과 과목 8개 외에 군사과와 기술과 과목 4개를 개설코자 했다. 이들 과목이 모두 개설, 운영되지는 못했겠지만, 지식과 경험이 풍부한 김산과 오성륜이 상당수의 과목을 담당했을 것으로 보인다. 아울러 김산은 펑파이·정지원(鄭志雲, 정지운)의 요청으로 동강특위 조직부의 일도 같이 맡아 수행하면서 토지혁명의 선전 공작을 지도했다. 그러나 정신없이 바쁜 나날이 되었다.

하이펑현에서 농업노동자의 아들로 태어난 정지원은 중학교 재학 때 벌어진 5·4운동의 영향으로 민족운동에 뛰어들었다. 몇 편의 연극도 연출했는데 그중에 「조선의 망국 한」(朝鮮亡國恨)이 들어있었다. 중학 졸업 후 고향의 초급학교 교장이 되었다가 펑파이와 의기 상통하여 농민운동에 뛰어들었다. 그 운동을 크게 발전시키면서 지도자가 된 그는 1927년 봄 이래 하이펑현 인민정부 위원을 거쳐 중공당 동강 특위 서기가 되어 있었다.

이 당교의 구지는 해성진에 있는데, 우리가 하이펑으로 들어가면서 직향해 제일 먼저 가본 곳이 실은 여기였다. 현재는 그 터에 해성진 제2소학교가 설립되어 있다. 번화가의 복판에 위치한 교정으로 들어서니 박국장과 약속이 되어 있던 예샤오훙(葉小紅, 섭소홍) 교장이 얼른 나와 환대하고 안내도 직접 해주신다. 교실 밖 복도 벽에는 동강당교의 역사를 알려주는 판목들이 걸려있다. 거기에 또박또박 박힌 정자체로 "조선동지도 참가하는 교무위원회 성립"이라는 구절이 있고, 교원 중에 '조선 우인 장북성'이 있었음도 보여준다. 교실 안으로 들어가 선생님·학생들과 인사하고 몇 마디 질문도 던져보았다. 기념이 될 사진 촬영도 했다.

동강당교 구지 표지판

소학교를 나와서 그 앞쪽의 공터를 지나고 담장을 아슬아슬 걸어서 넘어가 보니, 하이펑현 총공회 사무실이 있던 낡은 건물이 통째로 존치되어 있다. 철거 않고 별달리 보수도 하지 않은 채 옛 모습 그대로 폐

해성진 제2소학교 교장선생님과 우리 일행

가처럼 놔둔 형상이다. 역사 유적이라고 당국에서 일부러 그러고 있을 수도 있다. 그런 만큼이나 더욱더 호기심이 발동해 기웃기웃 들여다본다. 공인들의 떠들썩했을 목소리가 어디선가 들려오는 듯하고, 그때의 모습으로 공인 누군가가 불쑥 나타날 것도 같다. 상념에 젖어 그러고 있다 보니 시간이 많이 가버려 혁명투쟁사기념관 입장과 관람이 지체되어버린 것이었다.

6 | 하이펑의 다른 유적과 인걸들의 면모

어느새 폐문 시간이 되어버려서 홍장을 더 자세히 둘러볼 여유를 갖지 못한 우리는 기념관을 나와 서쪽으로 걸어갔다. 기념관 입구 앞길에서 눈에 띈 표지판의 화살표가 일러준 방향이었다. 그리로 가면 펑파이의 옛집과 그의 전용 서재이던 득취서실(得趣書室)이 있다는 것이다.

걸어가 보니 정말 그랬다. 펑파이의 고거는 주위의 다른 단층 가옥들을 완전히 압도하리 만치 위엄 어린 직사각형의 흰색 2층 양옥으로 재현되어 서 있다. 표지판의 설명문에는 그가 1922년 여름에 5인의 동지와 함께 처음으로 농회를 결성해 활동하기 시작했음과, 1925년 3월 저우언라이의 도움으로 중공당 하이펑지부를 결성해 활동해갔음이 강조되어 적혀 있다. 부르주아 출신이라고 부르주아적 행태만 내보이는 것은 아니다, 그 반대인 경우도 많다, 일제 강점기의 조선에서도 그렇지 않았는가! 이것이 펑파이의 여러 행적을 자세히 알게 되고 유적들도 둘러본 후에 다시 드는 소감이다.

거기서 그리 멀지 않은 곳에 그 유명한 천중밍의 도독부 구지가 있음도 가로 표지판에서 우연히 알게 되었다. 해가 지고 어둠이 깔리려 하는 때이지만, 그렇다고 거길 그냥 넘기고 가버릴 수가 없다는 생각

펑파이의 옛집

천중밍의 도독부 옛터

이 엄습한다. 무리일 수 있으나 한사코 걸어가 기어이 답사했다.

　너른 앞마당을 가진 도독부 구지에는 권위와 절제를 같이 구현하는 듯한 진황색의 2층 석조건물이 들어서 있었다. 내부수리 중이라고 입장이 불허되어 문밖에서만 조망해볼 수 있음이 유감이었다. 천중밍은 광둥성의 지배자가 되어 있던 중에 '연성자치(聯省自治)'를 외치면서 무력통일 아닌 화평협상의 방식으로 중국의 미래를 그려가야 한다고 주장하고 쑨원 등의 혁명파와 확실하게 대립했던 인물이다. 1925년에 종국의 패자가 되어버렸지만 근래에는 그의 주장과 노선이 재조명·재평가되고 있기도 하다. 실제로 그의 본거지였던 곳을 가보니, 무슨 힘으로 그렇게 큰 풍파를 일으킬 수 있었을까 의심이 들 정도로 소박하고 미약해 보였다. 과거와 현재가 엄연히 다르기는 하지만 말이다. 아무튼 천중밍과 펑파이는 근대 시기의 하이펑이 낳은 양대 인걸이었음에 틀림이 없다. 정반대 방향에서였기는 하지만 독자적인 목소리를 갖고 내면서 자기의 길을 개척해간 사람이라는 데서는 공통점이 있다.

이 도독부 구지 답사를 끝으로 오늘의 기행 일정은 끝났다. 예약된 쟈펑(嘉豊, 가풍)국제주점으로 가서 여장을 푸는데, 단아하고 격조 있어 보이는 건물 외양과 고급스런 내외부 시설을 접하다 보니, "하이펑은 대체 어떤 곳이지?"하는 의문이 잠깐 스쳐갔다. 남쪽 가까이에 바다와 항구가 있으니, 남해 건너의 홍콩·마카오·해남도(海南島)를 찾아오는 외국인 관광객들이 내친김에 여기까지 와보는지도 모르겠다.

객실 배정을 받고 들어가 잠시 쉬고는 호텔 안 레스토랑으로 갔다. 낮에 뵈었던 예샤오훙 교장께서 초대한 만찬이라는데, 낯선 남자 두 명도 와서 동석했다. 하이펑현 당사연구소의 주임과 연구원이란다. 둘 다 명함을 내놓지 않고 말로만 인사와 자기소개를 하는데, 특히나 주임은 음성이 작아서 잘 알아들을 수가 없었다. 얼마간의 경계심과 조심성이 같이 묻어나고 있어 보였다. 결국 그는 우리에게 성명 불상의 인물이 되고 만다.

대신에 그는 당사연구소에서 발행한 『중국공산당 해풍지방사』 제1권을 선물로 내놓았다. 책에 박힌 편찬위원회 주임의 이름은 리한리우(李漢流, 이한유)인데, 이 책의 발행 연도가 2002년이니 우리 앞에 등장한 주임과 동일인이지는 않겠다. 아무튼 하이펑을 제대로 알고 싶거든 이 책부터 읽어보라는 뜻인 거 같다. 귀국 후에 대략 훑어보니, 1919년의 5·4운동 때부터 1945년 해방 때까지 하이펑에서 있었던 일들을 소주제로 나누고 시간대를 따라 건조한 문체로 써내려간 지방지적 통사이다. 하이펑에 대한 관심을 더 많이 갖게 될 때 참고할 만한 책이다.

회전식 원형 식탁에 해산물 위주의 잘 조리된 음식들이 차례로 들여와 놓인다. 다 정갈하고 맛이 있다. 게다가 좋은 술도 없으니, 연거푸 건배하며 즐거운 식사 겸 환담 자리가 되었다. "언제 한 번 한국에 꼭 오시라. 오실 때 꼭 알리고 대구에도 들리시라. 그래야 제가 보답을 할 수 있다."고 예교장께 청했다. 환대에 대한 진심의 답사요 거짓 없는 덕담으로였다.

　답사 4일차인 다음날(11월 30일) 아침 일찍, 우리 일행은 차를 타고 해성진 북쪽 가로변의 웬티안샹(文天祥, 문천상)공원을 찾아가 보았다. 장시성 지안(吉安, 길안) 태생인 웬티안샹은 13세기 송나라 때의 문신으로, 조국이 몽골의 침공을 받아 망하게 되었을 때 끝까지 저항해 싸우다 우푸링(五坡嶺, 오파령) 전투에서 패하여 포로가 되어버렸다. 그 후 침략자 원나라에서 펴는 온갖 회유에도 끝내 굴복하지 않아서 처형되니 민족영웅으로 추앙되었다. 현대 중국에서도 애국주의적 저항의 대중적 상징처럼 되고 있다. 길게 늘어뜨린 흰 수염이 멋진 그의 얼굴과 품 넓게 가부좌한 자세의 전신 석조상이 공원 중심부에 축조되어 있다. 이 공원이 우푸링 자리에 조성되었음에서, 여기서 싸웠

웬티안샹공원 정문

웬티안샹의 전신 석조상

던 그의 이름이 공원 이름이 되고 조각상도 세워진 것이리라.

공원은 꽤 넓고 전각이 여러 군데 있다. 중·노년 남녀들이 모여서 율동에 맞추어 체조하는 장면이 공원 안 곳곳에서 보인다. 그들은 매일매일, 아주 규칙적으로 그럴 거라고 믿어진다. 오늘날의 중국인 중에는 우리에게 일반화된 편견과 달리 목표가 명확하고 매우 부지런하며 자기 규율도 잘 해내는 사람들이 많음을 중국여행 때마다 느끼곤 한다.

공원 안에 천중밍의 동상도 있다. 동상 아래의 다음과 같은 표석문에서 천중밍에 대한 이 지역 나름의 공식적인 평가가 높고 그를 통해 갖는 지역민의 자부심도 크다는 것을 엿볼 수가 있다.

> 천중밍(1878~1933)·자는 징쿤(竟存, 경존)이고, 광둥성 하이펑 사람이다. 중국 군사가이고 신해혁명의 원훈이며, 황화강 기의 영도자의 한 명이었다. 일찍이 양광도독, 광둥성 성장, 월군 총사령, 정위(定威)장군, 중국치공당(致公黨) 제1·2기 총리를 지냈다. 집권 기간에

연성자치에 의한 화평협상 방식의 중국 통일을 창도하고 실업 진흥, 무상 교육 실시, 흡연과 도박 금지 등으로 만청왕조를 뒤엎고 중화민국을 건립하는 데 불후의 공헌을 하였다.

공원을 나와 호텔로 돌아와서는 1층의 널찍한 식당으로 가서, 푸짐한데 깔끔하고 품목도 다양한 조식을 입맛대로 주문해 나눠 먹었다. 호텔 조식으로 흔하게 접하는 뷔페식이 아니고, 좌석에서

웬티엔샹공원 안의 **천중밍 동상과 표문**

만두, 딤섬, 빵, 케이크 등을 골라 주문하면 직원이 갖다주는 식이다. 투숙객 아닌 주민들도 와서 부부 또는 식구들이 다정하게 식사하는 테이블을 여럿 볼 수 있었다. 하이펑은 중국에서도 무척 현대화한 곳이구나 하는 느낌이 다시 들었다. 100년쯤 전에 여기서 혁명군과 반혁명군의 공방전이 치열하고도 살벌하게 벌어졌다는 것은 이제 다 잊히고, 혹은 덮어두고, 책과 실물 '기억의 터' 몇 개에서만 그 흔적을 보거나 상기할 수 있다고 보아야 함 직하다.

IV

위기의 현장과
사투의 종적들

1 | 하이루펑 공방전과 홍4사의 이동 궤적

홍4사가 연화산 아래로 옮겨가 주둔 중이던 1월 25일부터 2월 초 동안에 차이덩후이(蔡騰輝, 채등휘)군 2천 명이 진공해 와 하이펑현 서쪽의 적석촌을 점령해버렸다. 당시의 차이덩후이는 천중밍의 광동군 내 제5로군의 여단장을 지내고 퇴역한 군인이었다. 1927년 하이루펑 소비에트 성립에 대응하여 지주들이 자체 무장해 갈 때 그가 산병(散兵) 1천여 명을 모아 왔기에 '적비(赤匪) 소탕 선견대(先遣隊)' 총지휘관으로 임명되었다. 국민당 정규군이 아니라 백색 민병대를 이끌려한 것인데, '민단'이란 바로 이를 말함이다. 아무튼 농민적위대를 공격하기 시작한 그의 부대는 거듭 승리하여 홍군 쪽을 아연 낭패케 했다. 이에 홍4사 사장 예용이 나서서 제10단의 2개 연과 하이펑의 공농적위대 400명, 적석촌의 농민적위대 2천여 명을 총지휘하며 반격전을 벌였다. 그리하여 4시간의 전투 끝에 예용의 부대가 백군을 격퇴, 소탕하고 다수의 무기와 탄약을 노획했다.

뒤이어 2월 상반기에 국민당군이 3개 사단, 근 10만의 병력으로 하이루펑을 사방에서 포위 접근해왔다. 산터우에서 출동해 온 제4군 11사의 부사장 위한머우(余漢謀, 여한모) 부대가 동쪽에서 루펑을 기습 포위했고, 서쪽의 제5군은 후이저우에서 출동해 하이펑으로 진격해 왔다. 북양군의 배장(排長=소대장)으로 시작해 월군으로 옮겨가 영장이 되었던 위한머우는 1925년에 11사장 천지탕 밑에서 연대장을 지냈고, 북벌기에는 리지선의 참모가 되어 광저우에 주둔한 바 있다. 육군의 협공에 더하여 푸젠성의 해군 제4함대도 3월 1일 대형군함 4척을 보내 산웨이 남쪽 해안을 순양하면서 홍군의 해상 퇴로를 봉쇄했다.

해군의 시위성 순양 하루 전인 2월 29일에 하이펑 북쪽 10km 지점의 공평촌에서 군중대회가 열렸다. 무려 3만 명이나 모인 이 집회를 김산이 홍군 사령부의 파견을 받고 가서 참관했다. 그런데 대회 도중에 위한머우의 병사들이 기습해 와 마구 총을 쏘아댔다. 이 총격으로 수천 명 주민이 죽어가니, 분개한 하이루펑 사람들이 밤에 모두 무장하고 공평촌으로 달려갔다. 7천 명의 유격대원까지 투입되어 새벽 1시부터 8시간 동안 격전이 벌어졌다. 공인적위대가 좌익을, 농민적위대가 우익을 맡아 인해전술을 펴고, 공산당원 및 공청원 2천 명은 중앙군이 되어 펑파이 동생 펑슈가 지휘했다(『아리랑』 영문 원본에는 P'eng Kuei, 일역·국역·연변본에는 '彭貴[펑구이]·팽귀'로, 중어역본에는 '彭桂[펑구이]'로 표기되었으나 모두 잘못이고 '彭述'이 맞을 터임). 김산은 중앙군의 일원으로 전투에 임했는데, 막판에 적군에 포위되어 기총소사를 받고 전사자가 1천 명이나 났다. 할 수 없이 인근 매롱의 높은 산으로 후퇴하여 방어전을 펴게 된다.

일주일 후 3월 7일, 홍4사와 농민군이 하이루펑 탈환을 위한 공격을 개시했다. 그러나 성공하지 못하고 연화산 남쪽의 산웨이만 재점령할 수 있었다. 앞서 2월에 펑파이가 홍2사 및 홍4사와 차오·푸·후이(潮普惠, 즉 潮陽·普寧·惠來) 3현의 농민무장대를 지휘하여 후이라이현성을 두 번 공격했는데도 함락시키지 못했다. 이에 그는 쉬샹첸을 대동하고 후이라이현 동롱진(東隴鎭)의 묘해촌(苗海村)으로 가서 심씨공사(沈氏公祠)에 공성지휘부를 두고 제3차의 싸움을 준비했다. 그리고는 3월 7일부터 12일까지 융강성(隆江城) 공점을 위한 총공격전을 벌여 승리했다고 전해진다. 쉬샹첸의 회고에 처음으로 나온 얘기일

텐데, 이것이 김산이 말하는 '산웨이 재점령'과 다른 것인지의 여부는 확인되지 않는다.

이들 전투의 결과로 홍2사 병력은 600명으로 줄어들고 홍4사도 1,000명만 남았다. 이 상태로는 중과부적일 것이 뻔하므로, 결국은 산웨이도 포기하고 매롱으로 다시 철수했다. 그러자 차이덩후이군이 재차 공격해왔고, 홍군이 맞서 싸웠지만 패하여 10명, 20명씩 인근 마을로 분산 은신했다. 마을 주민들은 야간에 침공한 적군에 대거 피살되어갔고, 3월 중순에는 백군이 청조의 주민 2천 명을 모조리 학살하고 마을 전체에 방화하는 일까지 벌어진다.

이처럼 3월부터 하이루펑의 근거지들이 계속 실함되니, 홍4사는 하이루펑을 떠나 산터우 방면의 차오푸후이 지구를 전전했다. 남은 병력은 400명에 불과했고 농민유격대 2백 명과 더불어 근근이 버텨갔다. 그러다 4월 말에 중공당 하이펑현위와 홍2사·4사 전체 대원의 연석회의가 열렸고, 거기서 하이펑 탈환의 일전을 벌이기로 결의했다. 이는 4월 13일 홍콩에서 리리싼이 중공 광동성위 제1차 확대회의를 소집 개최하여 통과시킨 각종 결의안을 그대로 따르려 한 것이다. 무모한 소모전만 될 것이니 때를 기다려야 한다고 예용이 강력히 반대했지만, 당의 지시를 절대로 우선시하는 분위기가 그것을 덮어버렸다.

그리하여 동강지구의 홍군 대오가 1주일간 병기를 손질한 다음 5월 3일 새벽 3시에 하이펑 현성 수복전이 시작되었다. 예용이 진두지휘하는 홍4사와 매롱·적석의 농민군이 돌진해 적의 16사단 본부를 공격했다. 김산은 오성륜이 지휘하는 80명 규모의 선견대에 속하여 같이 움직였는데, 강을 건너간 그들은 밤 9시에 성 밖의 보초들을 단도로 처치하고 당교로 진입했다. 그리고는 취침 중인 적군 1개 소대를 기습해 전원 사로잡고, 소총 100정, 탄약 8상자, 기관총 1문을 탈취했다.

홍2사는 무슨 때문인지 행동이 굼떠서 늦게서야 공격목표인 우푸링에 도착했는데, 적군이 이미 그 위쪽에 진 치고 있었다. 바로 전투가 개시되었고, 날이 밝자 적이 포격을 가하며 맹렬히 공격해왔다. 거기서 홍2사는 거의 궤멸되어버렸고, 김산 일행은 겨우 도망쳐 높은 산으로 피신했다. 우푸링은 앞서 말했듯이 현재의 웬티안샹공원과 같은 지점인데, 『아리랑』 번역본들에는 한자 표기가 '五城峇'이 아니고 중국어로 그것과 발음이 같은 '오복령(五福峇)'으로 잘못되어 있음을 첨언해 둔다.

2 | 거듭되는 후퇴와 고난의 자취들

여지없이 패잔병처럼 되어버린 홍2사와 4사의 생존 대원들은 연화산 검유령의 폭포 옆에서 마지막 집회를 열었다. '검유령'이 영문본에는 Chienyuling, 일역·국역본에는 '劍遊嶺', 중어역본에는 '前玉岭[치안유링/전옥령]'으로 표기되었는데, 바이두(Baidu) 지도에서 검색해봐도 두 지명 다 광둥성에서는 나오지 않는다. 그건 그렇다 치고, 이 폭포는 앞서 언급한 바 있는 선인동 위쪽의 폭포와 같은 것일까? 단언할 수는 없으나 개연성이 아주 커 보인다.

아무튼 그 집회에서 동강특위의 지령대로 결정하기를, 후이둥현의 백사(白沙)로 일단 회군한 뒤 거기서 100km 밖의 뇌양/내양(일역·국역본에는 '雷陽·뇌양·레이양', 중어역본에는 '내양'[來陽, 라이양])으로 속히 피신하고 다시 후이라이 일대의 외선으로 이동하여 작전을 수행키로 했다. 그 즉시 홍2사 100명이 앞서고 홍4사 300명이 뒤따라 백사로 이동해 갔다. 3일간 쉬지 않고 엎드려 기어가는 자세로 산을 통과해서였다. 김산과 오성륜도 다른 동강특위 관계자 10명과 한 대오를 이루어 가파른 산을 몇 개나 넘고 백사에 겨우 도착했다. 그 행군 중에 대부분 대원이 고열과 오한이 같이 오는 말라리아에 걸렸다. 김산도 마찬가지였다가 몇 달 후 상하이로 가서야 겨우 완치될 수 있었다.

백사촌의 거목 아래서 주민들과 담화

우리는 공평촌을 지나 차량 이동하던 중에 문제의 '백사'로 추정되는 마을을 찾아 들어갔다. 공평진의 서북쪽이면서 거기와 쯔진과의 중간쯤 되는 지점인 것으로 지도에서 확인된다. 마을 지킴이처럼 키가 크고 무성한 나무 밑에서 마주친 남녀 주민 대여섯 명에게 말을 걸어 대화하고, 마을 안길과 거기 줄지어 늘어선 옛 가옥들을 살펴보기도 했다. 대부분 청·장년층인 그 주민들은 100년 전 여기서 있었다는 일들에 대해 잘 몰랐고, 전해 들은 바도 없는 것 같았다. 그래도 그들은 도와주고 싶은지 이런저런 얘기를 덧붙이는데, 대부분 다 막연한 추측이나 근

백사촌 마을 안길

거 박약해 보이는 것들이었다. 아쉬움을 금할 수 없었지만, 다음에 또 오면 일부러라도 노인들을 찾아서 물어봐야겠다.

일단 백사에 도착했던 퇴각 대오는 다시 출발해 고산 속의 200리 길을 3일 낮과 밤 동안 꼬박 걸어서 다음 목적지에 겨우 도착했다. 부상과 체력소모로 도중에 죽음을 맞은 대원도 적지 않았다. 그 고통스럽던 이동 과정이 『아리랑』에 자세히 묘사되어 있는데, 가슴 저리게 안타깝고 몹시 측은도 해지는 대목이다. 근래의 어느 중국문헌에는 그 일단이 이렇게 기술되고도 있다.

여름이면 연화산맥에는 거의 매일 밤비가 내린다. 홍군 전사는 산 위 풀밭에서 잠을 자고, 이슬이 그들의 몸을 적시는 옷이 된다. 홍군 장병은 삿갓으로 몸을 가릴 뿐 별도의 옷이 없다. 대부분의 홍군 전사들은 여름옷을 벗어 둘둘 말았다. 흰옷은 멀리서도 적들의 눈에 쉽게 띌 수 있기 때문이다. 부상 당한 일부 홍군 전사들은 상처의 극심한 통증을 참으며 산길을 천천히 기어 움직여 적들이 발견하지 못하게 했다. 홍군은 네이양(內洋)으로 이동하며 걷다가 멈추다가 하던 중에 소규모의 적을 만나면 재빨리 소멸시켰고, 큰 적군을 만나면 즉시 피하여 물러섰다. 낮에는 불을 피워 밥을 할 수가 없다. 배가 고파도 날고구마만 먹을 수 있다. 갈증이 나면 냇가로 가서 시냇물을 마신다. 조그만 기침 소리라도 일절 내면 안 되고 참아야만 했다. 터져 나오려는 기침을 억누르기 위해 땅바닥에 얼른 엎드려 목을 꽉 쥐고 스스로 반질식 상태로 몰아넣을 수밖에 없었다. 걷다가 지치면 끝없이 펼쳐진 사탕수수밭에 숨어서 잠시 잠을 잔다.

『아리랑』 영문본에서 김산 일행의 도착지로 적힌 Leiyang이나 일역·국역본의 '雷陽·뇌양·레이양'은 아무리 찾아봐도 나오지 않는 지명이다. 중어역본의 '來洋'도 광둥성에는 없고 다른 성들에만 있는 지명이다. 대신에 루펑현의 동쪽 지역 내 피양진(陂洋鎭)의 심산 속에 네이양(內洋)이 있다. 위의 인용문과 맞아떨어지고, 연변본에서 '내양'으로, 현재의 산웨이시 당위(黨委) 문헌에서도 '內洋'으로 표기한다. 그렇다면 김산이 '네이양'을 '레이양'으로 잘못 기억했거나 옌안에서 일부러 약간 비틀어 구술한 것일 수 있다. 그렇게 보면 '내양'이 본래 맞는 것이었다고 볼 수 있는 것이다.

내양으로 가는 중에 부상과 상처 감염과 체력소모로 죽어간 대원이 적지 않았다. 겨우 살아남아 도착한 대원들은 산허리에 인(人)자 형의 간이 초가집을 짓고 간만의 휴식을 취하며 밥도 먹어볼 수 있었다. 그렇게 1주일 체류하는 동안에 대원들은 30리 밖 귀갱(영문본은 Kue-ik'eng, 일역·국역본은 貴坑·구이컹, 중어역본은 桂崗[구이컹, 계강])촌 팔만허(八萬墟)의 지주 집들을 습격해 식량을 탈취했다. 이로 인한 지주

민단의 밀고와 요청으로 루펑과 후이라이의 국민당군이 한꺼번에 출동해 협공해왔다. 그래서 적 47연대와 혈전을 벌이던 근 100명의 홍군이 일거에 또 희생되고 말았다.

적군은 산정의 분지를 제외한 모든 거점을 점령 확보해놓고 투망식 진공을 벌이면서 여러 갈래의 포위소탕 작전으로 압박하였다. 분지 안의 풀숲에 숨어있는 오성륜과 김산을 백군이 수색하려는 것을 본 홍군 전사 한 명이 급히 총을 쏘아 적을 유인했다. 그 전사의 엄호 덕분에 김산과 오성륜은 큰 바위 밑의 못으로 뛰어 내려가 하루 동안 숨어서 살아났다. 그리고는 수km 떨어진 큰 산으로 달려가 산정 근처에서 농민들과 조우했다. 그들의 인도로 피양진의 산 중턱 근채양(芹菜洋) 마을로 가서 비밀농회의 아지트로 들어서니 회장이 정성껏 대접해주었다.

김산은 농회 회장에게 200리 밖 후이라이의 모전령(영문본은 Mut'ienling, 일역본은 牟田嶺[머우톈링], 국역본은 牟田嶺/무톈량, 중역본은 摩天岭[머톈링])에 있는 동강특위 본부로 갈 수 있도록 해달라고 간청했다. 펑파이가 있는 데로 가서 함께 있고 싶어서였다. 회장은 농민 안내자를 붙여주었다.

40명의 홍2사 대원을 포함한 김산 일행은 릴레이 안내를 받으며 맨발로 밤길 행군을 강행했다. 광둥에서는 농민도 홍군도 다들 신발 없이 맨발로 다니고, 4월 이전의 겨울에만 짚신을 신는다. 김산은 걸으면서 자고, 자면서 걸었다. 각기병과 온몸의 종기로 고생이 자심했다. 오성륜은 심한 말라리아를 겪고 몹시 허약해진 상태였다. 바오안(寶安) 통과 중에는 30명 민병대의 습격을 받고 총격전을 벌여 겨우 물리치기도 했다.

산을 몇 개나 넘고서야 8일 후에, 김산은 온몸에 종기가 나고 먹지 못해 각기병에 걸린 상태로 대남산 남쪽의 모전령에 도착했다. 산중 큰 폭포 밑의 '황죽첨'(黃竹尖)으로 불리는 동굴에 펑파이와 정지원이 같이 은신 중이라 했다. 그리로 가서 감격적인 재회를 했다. 펑파이는 중병이 든 상태였고, 김산과 오성륜도 병세가 악화 중이었다. 펑파이는 그해 6월부터 7월까지 열린 중공 6전대에서 중앙정치국 위원으로 피선되자 아픈 몸을 끌고 대남산을 떠나 상하이로 가서 중앙공작에 나선다.

3 | 사로잡혀 살해된 예용

검유령의 폭포 옆에서 홍2·4사의 전체 집회가 있은 지 며칠 후인 6월 17일에 적군의 포위소탕 작전과 내습이 재개되었다. 위급해진 형세에서 예용은 부담진을 떠나 인근 모산(茅山)으로 긴급 철퇴키로 했다. 예용은 악성 이질에 걸려 혼자 운신하기가 매우 어려운지라 들것에 태워져 산길을 헤쳐갔다. 하지만 그는 자기로 인해 대원들의 이동 속도가 많이들 느려지고 그만큼 발각되기 쉬워져 버림을 의식했다. 추격해 오는 적의 총성도 점점 가까이 들렸다. 그래서 그는 부하들에게 자기를 그냥 두고 어서 속히 빠져나가도록 명령했다. 그리고는 풀밭에 쓰러져 누운 채 혼자 남았다.

결국은 적군에 발각되어 매롱으로 끌려간 그는 하루 동안 갇혔다가 다음날 하이펑 현성의 16사 본부로 압송되었다. 거기서 부하들에게 항복을 명하도록 강박 당하고 유혹받기도 했다. 하지만 완강히 거부하니 곧 살해되고 말았다. 『광저우 국민일보』에 그의 시신 사진이 실려서 사망 사실이 비로소 알려졌다. "백절불굴의 투쟁 의지와 희생을 두려워하지 않는 영웅적 기개"를 드러냈다고 평가된 홍4사의 수장은 그렇게 허망한 죽음을 맞고 말았다. 예용이 붙잡혀 죽임을 당했음을 김산은 얼마 후 백사에서 들어 알았다.

예용 사후 쉬샹첸이 사장직을 바로 이어받는다. 그는 하이루펑의 산구(山口)를 떠나 적석촌의 대안동(大安峒)과 명열동(明熱峒) 등지로 더 깊숙이 들어가 은신했다. 그러다 1929년 5월에 홍4사와 홍2사의 잔존대원 200여 명은 중공 중앙과 광동성위의 지시에 따라 하이루펑에서 완전히 철수한다. 쉬샹첸은 후이저우, 구룡(九龍)반도, 홍콩을 거쳐 상하이로 도피한 후 다음 활동으로 이행하였다.

4 | 대남산의 동강특위 구지와 영웅동굴

백사촌에서 다음 길을 재촉한 우리는 출발 1시간 만에 제양시 후이라이현으로 진입했다. 차가 도로를 달릴 때는 가는 방향이 동쪽인지 남쪽인지 분간이 잘 안된다. 하여간 대로를 질주하던 우리 차가 우측으로 꺾어 들더니 멀리 산이 보이는 방향으로 소로를 계속 나아간다. 그때는 서향하다 북쪽으로 가는 것 같았는데, 돌아와 지도를 놓고 짚어보니 그와 반대로 동향이다가 남행이었다. 그러니까 동-서로 길게 뻗은 대남산의 남해 쪽 사면이 아니라 북쪽 사면으로 접근해 조금씩 들어간 것이다.

늦은 점심을 길가 작은 식당에 들어가 해결했다. 노부부 둘이서 조리와 서빙을 나누고 도우며 해내는 샤브샤브집이다. 이런 집은 대개 양고기를 많이 쓰는데, 육취를 없애거나 줄이고자 샹차이(香菜)를 듬뿍 넣는다. 쑥갓 비슷해 보이는 그 채소는 강렬한 향의 쏘는 맛이 만만치가 않아서 육취 못지않게 고역을 치르게 한다. 이번 기행의 막판에 가서는 음식 주문을 하며 "샹차이는 (제발) 넣지 말아 주세요"라는 부탁을 잊지 않고 곁들여야 했다.

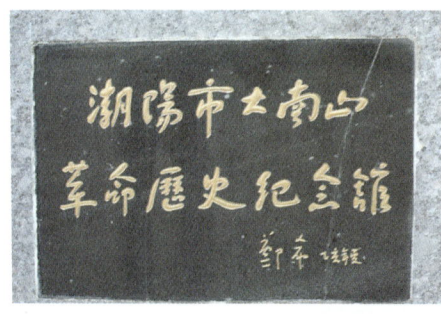

중식을 마치고 산 쪽으로 한참 더 들어가니, 길 오른쪽에 〈대남산 혁명역사기념관〉이라고 간판이 걸린 큰 건물이 나타난다. 건물 벽에 박혔거나 내걸린 표석과 표지판들을 보니, 대남산이 차오양시와 산터우시 조남구(潮南區) 두 지역에 걸쳐있어서 두 곳의 공서가 공동관리하거나, 아니면 관할권이 한 쪽에서 다른 쪽으로 근간에 이전된 것 같다. 아무

대남산 혁명역사기념관의 표지판들

튼 기대감에 부풀어 입장하는데, 관람이 안 된다고 입구에서 막아선다. 입장 마감 시간이 되어서인 것은 아닐 터이고, 불허 이유에 대해

명확한 설명이 없다. 그저 지금은 안된다는 것이다. 시설정비나 전시 교체 중인 때문인지도 말하지 않는다. 불통의 인민공화국!

대남산이 혁명근거지가 된 것은 1925년 중공당원으로서 제2차 동정에 국민당군의 사단 정치선전대 책임자로 참여했던 구다이쿤(古大存, 고대존)과 그 휘하 전사들의 후속 활동과 관계가 깊다. 동정 종결 후 구다이쿤은 당명에 의해 고향 우화현(五華縣, 오화현)으로 가서 농민운동을 지도하다 1927년에 공농홍군이 신설한 제7단의 단장으로 임명되었다. 이에 그는 대남산과 그 북쪽 팔향산(八鄕山) 두 군데에 근거지를 건립해 놓고 준비하다 1928년 8월 메이저우시 일대 7현의 농민무장봉기를 추동해 성공시켰다.

그런 경위로 구축되어 간 대남산 근거지에 펑파이가 동강특위를 이끌고 제1차 전이를 하여 들어간 때가 1928년 3월 27일이었다. 그로부터 4개월간 거기 은신해 지내면서 후속투쟁을 영도 지휘하였다.

우리는 산 쪽으로 더 올라가 〈대남산 소비에트구[蘇區] 홍장공원〉을 살펴보기로 했다. 공원 들머리에서 먼저 마주친 것은 '홍색광장'과 혁명열사기념비다. 예상했던 대로 규모가 크고 존재감이 강렬하다. 거기서 조금 아래로 내려가니, 동강특위가 피신해 있던 산 중턱의 성터가 있다.

아래쪽으로 놓인 돌층계를 하나씩 밟으며 내려가면, 큰 바위들 사이로 난 미로가 길다. 숨바꼭질 기분으로, 귀신 잡으러 가보자는 투의 호기로, 미로를 따라 안으로 한참 들어간다. 비로소 종점에 이르니 평평하고 너른 마당 같은 데가 시야에 들어온다. 흘린 피인지 머큐로크롬인지가 군데군데 묻은 가운과 진찰대·청진기·메스·약품통 등의 의료기가 몇 개 놓여있다. '홍군의원' 옛터다.

대남산 홍장공원 들머리의 전경도

홍장공원 내 혁명구지 분포 안내판

홍군의원 옛터 입구와 각석 표지문

홍군의원 내부와 임시수술실

 석벽과 암굴로 은폐된 야전병원인데, 1931년 초에 동강특위 서남분위에서 부상병 치료를 위해 대계패촌(大溪壩村) 뒷산의 속칭 노호동(老虎洞)에 설립한 것이다. 그 후로 대부분의 홍군 전상자는 여기 홍군의원으로 옮겨져 와 치료받았다고 한다. 설립 시점으로 보면 김산이나 펑파이와 직접 관련 있는 곳은 아니다. 그들이 거쳐간 곳도 아니다. 그래도 홍군 역사의 유적으로는 가장 실감이 큰 곳 중의 하나이고 상징성도 커 보인다.

 거기서 아래쪽으로 비포장도로를 타고 조금 내려가면 첩석촌(疊石村)이 나온다. 그리고 마을 안에 동강특위 구지가 의젓하게 자리해 있다. 이제는 임자 없는 집이 되어 있지만, 기왓장과 벽체의 돌 하나하나가 한 시절의 기억을 내장하고 있으면서 침묵으로 웅변해주는 듯하다. 우리도 말없이 천천히 둘러보며 벽돌을 손으로 더듬고 쓸어도 본다. 그런데 아뿔싸! 출입문 옆 벽에 걸린 철판의 홍색글씨 안내문을 보니, 동강특위가 이 마을로 옮겨 들어온 것은 1935년이었다고 한다. 그렇다면 이 구지는 펑파이나 김산과는 연관이 없는 곳이 된다. 그래도 흔치 않은 실물의 중요 유적을 대하여 눈으로 보게 된 것, 그만큼의 기쁨이 있다.

첩석촌 동강특위 구지의 판공실 건물

인근 초지에 '영웅석동(英雄石洞)'으로 불리는 큰 동굴이 있다. 정확한 위치는 홍장진(紅場鎭) 반대촌(潘岱村) 서남쪽 200m 지점의 백호두령(白虎頭岭) 아래 산채(山寨)이고, 원명은 '반대암동(潘岱岩洞)'이다. 사람 키를 훨씬 넘는 천연거석들이 동굴 입구를 겹치어 둘러싸 막아섰고, 위에도 거석이 덮이어 은폐해준다. 아래쪽이 입구고 위쪽이 출구인데, 전체 길이가 약 1,000m에 달한다.

이 동굴 이름에 '영웅'이 붙여진 것은 1928년 3월의 후이라이 현성 공략전이 실패한 후 펑파이와 그의 막료 위안궈핑(袁國平, 원국평)이 여기로 들어와 4개월간 은신하며 후속 작전을 지휘했기 때문이다. 그 내력이 입구에 걸린 패널의 설명문에 자세히 쓰여 있다. 대남산 소비에트구를 소개하는 상세지도에도 영웅석동에 '펑파이동'이라는 이칭이 붙어 있다. 펑파이가 은신해 있는 동안 양식 조달과 정보 전달은 반

영웅석동 입구의 설명 패널(펑파이와 동지들)

영웅석동의 출구와 아래쪽의 층계

대촌 농회의 여성 집행위원인 임씨(林氏)가 책임지고 해냈다. 유일하게 해가 들어오는 10㎡가량의 땅이 펑파이가 휴식을 취하며 햇볕도 쬐는 곳이었다고 한다. 이 지점의 반대편 남동쪽의 뇌령(雷崀)에는 '서수동'(徐帥洞)으로 별칭되는 '혁명석동'이 있다. '서수'란 홍4사의 제2대 사장이던 쉬샹첸을 말하는 것이리라 짐작된다.

5 | 출로 찾아
산터우에서 홍콩으로

 벅차오르는 감흥으로 시간 가는 줄 모르게 홍장공원의 구지를 하나하나 살피며 둘러보는 중에 어느새 날이 저물었다. 여기 계속 있을 것은 아니기에 아쉬움을 뒤로 하고 발길 돌려 승차했다. 비포장의 좁은 산길에 삐죽삐죽 튀어나온 돌턱과 작은 웅덩이가 계속해서 타이어와 현가장치를 괴롭히지만, 박국장의 SUV는 적진을 쓸어버리듯 가뿐히 타고 넘으며 속도를 더 낸다. 시간이 급하니 산길을 택해 마냥 질러가는 것이다.

 한참을 달리니 드디어 자동차 전용도로가 나온다. 앞쪽을 보니 행선지 안내판에 '산터우'라는 글자가 크게 쓰여 있다. 산터우! 저길 그냥 지나쳐 우리의 여정에서 빼버릴 순 없지. 강력히 주장했다. 산터우로 가자고. 가야 한다고. 김산이 광둥을 떠나 상하이로 갔던 길의 마지막 경유지가 아닌가. 그 부두에서 배를 탔을 것 아닌가. 우리도 거기 가서 그 장면을 재연은 못 할지라도 추상해보기는 해야 않겠나.

 산터우는 지급시이지만 광둥성 동부의 중심도시다. 북쪽으로 차오저우시, 서쪽으로 제양시와 접하고, 동북쪽에 연화산맥, 서남부에 대남산맥이 버티고 있어서 분지로 된 지형이다. 바다와 접하여 항구도 있다. 1980년에 경제특구가 설치되어 중국 5대 경제특구 중 하나가 된 곳이기도 하다.

 1925년 천중밍군 토벌을 위한 국민당군의 동정 때 국민혁명군 동로군 총지휘부 및 정치부가 산터우에 설치되었다. 1927년에는 난창봉기에 참여했던 교도단 중심의 공농혁명군이 여기로 와서 국민당군에 맞설 서정(西征)의 교두보로 삼고 총지휘부를 설치했었다. 그 구지가 시 중심부인 금평구(金平區)에 있다는데, 거기를 찾아가 볼 여유와 준비는 미처 해놓질 못했다.

고속도로를 한참 달리니 드디어 산터우 들머리가 나온다. 서부 톨게이트를 통과해 시내로 들어간다. 날은 이미 캄캄해져 밤 8시경이었다. 우선은 부두를 네비게이터로 확인해 최대한 그리로 접근해보기로 했다. 모든 걸 운전자에게 맡기고 잠자코 있었더니, 얼마 후 정박 중인 대형 여객선과 승선장이 보이는 부두와 마주친다. 지도에서 산터우만(灣) 안쪽으로 깊숙이 들어간 지점인 금평구의 조인마두(潮人碼頭)이지 싶다. 부두 근처에 정차해 바다 내음 배인 공기를 깊게 들이마시며 숙소를 검색했다. 인근에 '영빈관'이라는 이름의 그럴듯한 호텔이 있길래 그리로 들어갔다. 그런데 방이 없단다. 예약을 안 해놓았으니 당연지사일 터.

핸드폰으로 다시 검색해, 두어 개의 호텔명이 나오는 근처 가로로 갔다. 그중 한정주점(漢庭酒店)이라는 데가 아담·청결해 보여서 들어가 봤다. 다행히 방이 남아있단다. 그 나름의 역사와 인지도가 있는 호텔이다. 여장을 풀어놓고 나와 호텔 뒤쪽의 어둑한 거리를 산책 삼아 걸으면서 식당을 찾아다녔다. 간판이 눈에 들어오는 열 군데쯤 중에 우리의 입맛에 가장 맞을 듯해 보이는 전복죽 집이 있길래 얼른 들어가 늦은 석식을 간신히 해결했다.

다음날(11월 30일) 우리는 아침 일찍 호텔 조식을 얼른 챙겨 먹고, 어제의 영빈관 쪽 가로와 T자로 마주치는 긴 방파제 쪽으로 나가봤다. 부두와는 좀 떨어진 곳이다. 차를 세워놓고 방파제로 올라서니, 두 눈 가득 바다 풍경이 들어온다. 저 너머 대안에 빌딩군과 시가가 좌우로 길게 펼쳐져 있다. 지도를 보니 산터우만 건너편 호강구(濠江區)의 남빈로(南濱路)쯤인 거 같다. 풍경 자체를 포획한다는 기분으로 원경을 카메라에 담아놓는다.

산터우시 호강구 원경

방파제 아래에 배를 대어 끌어 올리는 도크가 있다. 조금 떨어진 저편에 해군 함선 몇 척이 정박 중인데, 사병들이 조회를 하는지 갑판 위에 모여 서있다. 어쩌면 이쯤서 김산이 화물선에 승선해 산터우를 떠난 것이 아닐까? 그러면서 광둥과 작별을 고했겠지.

그러면 시간을 과거로 돌려 실제 상황을 알아보자. 겨우 기력이 회복된 1928년 7월 23일, 김산은 대남산에서 펑파이의 지시대로 거룻배를 타고 홍콩으로 탈출키로 결정했다. 이틀 밤을 걸어 오성륜과 함께 거룻배에 올라탔는데 돌연 총격이 가해져 왔다. 황급히 뛰어내려 물속에 숨었다가 한참 후 기어나와 비몽사몽간에 걸어서 숲을 통과해 마을로 잠입했다. 오성륜은 총격 피습 때 몸을 날려 헤어진 채로 종적을 알 수 없었다. 깊은 잠에 빠졌다가 깨어난 그를 어느 농부가 펑파

산터우시 금평구의 방파제 아래 선박 도크

이에게 데려다주었다.

다시 펑파이의 권고를 받아들인 그는 7월 27일, 200리 밖의 산터우로 길을 떠났다. 8월 4일, 삼양(三洋; 현 제양시 계동구) 근처 산 위의 동강 공청위원회 본부에 도착했다. 거기서 하룻밤을 보낸 후, 나룻배를 타고 세 시간 걸려 산터우에 도착했다. 8월 6일, 4원을 주고 일본 선적의 홍콩행 화물선 다카야마마루(高山丸)에 승선할 수 있었다. 멀어져가는 산터우와 광둥 땅을 갑판에서 계속 응시하는 그의 마음속에 만감이 교차했을 것이다.

6 │ 후일담 몇 가지

산터우를 떠난 지 하루 만인 8월 7일, 김산은 무사히 홍콩에 도착했다. 인삼상으로 가장하고 태안삼(泰安三) 여관에 들어가 투숙하던 중에 한국인 박씨를 만나 큰 도움을 받았다. 뒤이어 공산당 본부의 친구가 어찌 알고 찾아와 상하이행을 권했다.

그의 말대로 김산은 박씨와 함께 기선 제생호(濟生號)를 타고 상하이로 갔다. 도착 직후 말라리아가 재발해 혼수상태로 한 달 동안 동인병원(同仁病院)에 입원했다. 그리고 10월에 퇴원했다. 그 후 어느 날, 노점에서 광저우 시절 공산청년동맹의 어느 한국인 맹원과 조우했고, 그의 도움으로 김성숙과 재회했다. 광저우봉기 실패 후 두쥔후이 집에 숨어있던 그는 1928년 봄학기에 중산대학 법학과를 간신히 졸업하고 그녀와 함께 홍콩을 거쳐 상하이로 와 있던 것이다. 광저우에서 1천 명의 한국인이 체포되었다는 말을 그에게서 듣고 김산은 치솟는 분노와 크나큰 슬픔을 가눌 수가 없었다.

그 후 김산이 몇 주 동안 휴양하며 건강을 되찾은 후 황포탄(黃浦灘)을 산책하고 있던 어느 날, 정말 우연히도 오성륜과 마주쳐 해후했다. 그는 7월 25일의 돌연 총격 피습 상황을 가까스로 벗어나 어찌어찌 후이라이까지 간 다음에 기선을 타고 홍콩으로 탈출해 상하이로 왔다고 했다. 김성숙과 더불어 다시 어울린 세 사람은 강력한 우정으로 서로를 무척 아꼈다. 매롱에서 마지막으로 보았던 박근만·근수 형제도 극적으로 다시 만나, 기구한 탈출담이랄까 생존기를 들을 수 있었다.

그 사이 1928년 6월 18일부터 7월 11일까지 모스크바에서 중공당 제6차 전국대표대회가 개최되었다. 거기서 천두슈의 '우경기회주의'만 아니라 취추바이의 봉기 노선도 '맹동주의'·'극좌모험주의'로 맹렬히 비판받고 리리싼에게 영도권을 물려주어야 했다. 몇 달 후 11월 16

일부터 24일까지 중공당 광동성위가 홍콩에서 제2차 확대회의를 열었다. 앞서의 6차 전대의 결의안을 완전히 수용한 성위는 돌이켜 그해 1월의 전체회의 이래로 좌경맹동주의 착오를 범했다고 자기비판하였다. 일종의 뒷북치기였지만, 어쨌든 '일체의 토지 몰수' 구호를 바로잡고 '부농은 중립으로' 정책을 제출했다. 그러면서 리리싼은 상위 위원으로 선출되질 못하였다. 실은 리리싼도 모스크바의 지령을 받으며 다른 선택의 여지 없이 '도시폭동'을 계속 추동하면서 취추바이의 노선을 답습했을 뿐이다. 그 후 1929년 봄에 김산은 베이징으로 가서 중공당 시위(市委)의 비서가 되어 대중조직 구축사업 중심의 다음 단계 일을 해나가기 시작했다.

1929년 8월 24일, 김산의 비범한 능력과 남다른 인품에 주목해 각별히 아끼고 배려해주던 펑파이가 상하이의 프랑스조계에서 경찰에 체포되었다. 한 달 전 7월에 제4사가 1개 단으로 축소 편성될 때 단장으로 선임되었고 상하이로 와서 중공당 중앙위의 군사위원이 된 바이씬(白鑫, 백흠)이 국민당 쪽과 내통하여 밀고한 때문이었다. 국민당 특무대에 붙잡힌 펑파이는 피체 1주일째인 그달 30일, 저우언라이의 구출 시도도 소용없이 상하이 위수사령부의 용화감옥(龍華監獄)에서 총살 처형되고 말았다. 눈부시게 치열했던 그의 삶은 33세를 일기로 그렇게 끝나버렸다.

국민당계 군벌의 세력관계도 변천을 거듭했다. 광저우봉기가 완전히 진압되고 얼마 후인 1927년 12월 29일, 황샤오훙의 제8로군이 광저우에 진입하자 리푸린이 제5군장 직에서 물러났다. 일주일 후 1928년 1월 4일에는 장파쿠이 부대가 동강에서 천밍수·천지탕 부대에 격파되어 장시성으로 물러갔다. 3월 7일, 국민당 중앙정치회의가 장제스를 주석으로 추대했고, 리지선이 광저우 정치분회의 주석으로 임명되었다. 얼마 후 6월 말에 그는 광둥성 정부 주석이 되었다.

　동년 6월 국민당군이 베이징에 입성해 북벌전을 승리로 종결짓고, 9월에 장제스가 광둥에서 다시금 '청당' 작업을 벌여 200여 명의 공산당원을 처형했다. 그렇게 쑨원 사후의 당내 권력투쟁에서 최종 승리자가 된 그는 10월에 국민정부 주석으로 취임했다. 뒤이어 1929년 2월의 후난사건 때는 리지선이 장제스의 의심을 받아 성정부 주석직에서 쫓겨나고 11군장 천밍수가 후임자로 임명되었다. 동시에 천밍수 견제를 위한 장제스의 책략으로 천지탕이 광둥군 사령관 자리에 올랐다. 설익은 국민혁명의 과실을 그래도 독차지하려는 세력 내부에서 실로 집요하게 벌어져 간 상호 쟁투요, 변화무쌍이어서 더욱 예측 불허이던 그 결과였다.

V

광저우봉기 현장의 기억과
역사 유적들

1 | 광둥 혁명사의 산모요 관문인
    황포군관학교 유지

    산터우의 바닷가를 자세히는 아니지만 그래도 대략 눈에 담아놓은 우리는 아침 8시에 숙소를 나와 서쪽으로 방향을 잡았다. 이제 광저우로 가는 것이다. 만만찮게 먼 길이어서 여유 부릴 틈이 없었다. 오늘 하루의 일정을 복안대로 맞춰내기 위해 줄곧 달려만 갈 기세로 애마를 고속도로에 올려놓은 박국장은 일절 말이 없어졌다. 굳어진 표정으로 전방만 주시하며 가속기 밟기에 열중이다. 휴게소에도 두 번만 들렀는데, 한번은 국수로 점심 때우기 위해서고, 한번은 졸음운전 방지를 위해서였다.

    그렇게 아침부터 420km 약간 넘는 거리를 줄창 달려간 우리는 오후에 무사히 광저우에 도착했다. 그러나 첫 목표지점은 시내 쪽이 아니고, 거기 못 미쳐 있는 곳인 장주도(長洲島)의 황포군관학교 유지(遺址)였다. 장주도는 광저우 남동쪽의 주강 한가운데 있는 섬이다.

    그리로 직행하여 군교는 가까워지는데, 진입로가 생각보다 좁고 노면 상태도 별로이다. 오가는 차량과 통행인들이 많은데 도로 양편에 밀집대형으로 세워둔 차량들이 혼잡도를 가중시켜 가다 서다를 반복케 한다. 흐릿한 차선을 넘나드는 곡예운전과 "내 사전에 양보운전은 절대 없도다"의 밀어붙이기가 순간순간 겨룬다. 그래도 그런 상황을 기막히게 잘 뚫고 나가는 박국장의 운전솜씨 덕분에 우리는 오후 3시에 군교로 들어가는 환승버스 승차장에 도착할 수 있었다.

    군교 정문 앞에 다다르고 보니 그야말로 야단법석이다. 이제는 너무도 눈에 익숙해진 정문 위의 명판 그대로, 개교 초기의 정식 명칭은 '(중국

국민당) 육군군관학교'였다. 다만 학교가 당시의 판위현에 속한 장주도 안 황포에 있어서 '황포군관학교'로 별칭된 것인데, 부르기 편하고 뭔가 더 있어 보이기도 했다. 1928년 장제스가 난징에 중앙육군군관학교를 설립함과 동시에 황포군교는 폐설되었는데, 그때까지 7기 운영에 약 1만 명의 군사지도자를 배출했다.

황포군관학교의 개교 당시 전경 (출처: 광저우기의 기념관)

흰색 바탕에 검정색으로 해서체의 교명이 박힌 횡판을 배경으로 파릇파릇 새내기 인상의 견학 온 사관후보생들이 줄 맞춘 대형으로 늘어서서 사뭇 결연한 표정을 짓고 사진 찍는다. 이 구지 부근에도 현대의 사관학교가 있고 연안경비 소임의 해군기지도 있어서일 게다.

그런가 하면, 들어가고 나오는 관람객들이 큰 소리로 웃고 소리쳐 부르고 대화하는 소리로 온통 시끌벅적하다. 단체 관람을 왔는지 어린 학생들이 많이 보이고, 먼 데서 온 듯한 가족 관광객들도 인파 형성에 일조하는 것 같다. 군대와 군인에 대한 중국인들의 높은 관심과 어쩌면 선망까지도 엿보이는 장면이다 싶었다. 어린 자녀를 데리고 온 부모로서는 단순 관광/관람으로 그치는 게 아니라, 장래의 포부를 키워주는 중요 교육현장이 되는 것이다. 원래의 군관학교 건물은 중일전쟁 때 일본군의 폭격을 받아 소실되고 1960년대에 복원된 것이어도 교육적 의미는 전혀 저감되지 않는다.

우리도 얼른 한 컷 찍고는 교문 안으로 들어갔다. 박국장이 연락하니 관리처의 두수이헝(杜穗紅, 두수홍)선생이 나와서 반가이 맞아주고 앞장서 안내한다. 코로나 사태 때 박국장이 민족문제연구소 광동지부 이름으로 다량의 마스크를 이곳 관리처에 기증한 데서 맺어진 선연(善緣)이라 한다.

군교의 원상을 거의 그대로 복원하고 재현해놓은 셈인 유지 내부는 2층으로 되어 있고 입출구와 통로가 좀 복잡하다. 1층의 전시 공간은 어느 실이나 사람들로 꽉 차있고 소음도 역시 크다. 밀려가고 밀어가면서 관람하거나, 용써서 겨우 빠져나오든가 해야 한다. 벽면에는 학교 내력과 교육실태와 각종 행사, 군교 출신으로 두드러진 이력을 내

황포군교 유지의 내부 정경

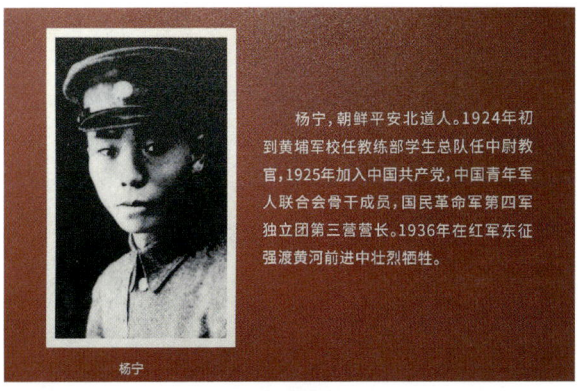

황포군교 유지 전시실의 양녕 사진과 약력문

보인 인물들과 개인별 공적 관련의 사진 전시물이 가득 걸려 있고 설명문은 자세하다. 그중에서 특히 눈길을 끄는 사진은 양녕의 것이다.

1901년 평양 태생으로 본명이 김훈(金勳)인 양녕은 '양림(楊林)'으로 더 잘 알려져 있다. 신흥무관학교 졸업 후 북로군정서의 교관이 되어 있다가 청산리전투에서 혁혁한 공을 세웠다. 상하이로 가서 전투경과를 보고한 그는 윈난강무학당에 입학하여 포병과를 졸업하고 광저우로 가서 황포군교의 기술조교가 되었다. 1925년의 동정 때 3기 학생대의 제4대를 이끌고 용전하여 깊은 인상을 남겼다. 복귀 후 기술주임 교관으로 승진한 그는 중공당에 가입했는데, 1927년 4·12 정변이 발생하자 그를 보호하려는 당의 배려로 소련으로 유학 갔다. 1930년 귀국한 그는 중공당에 의해 만주로 파견되어 항일무장투쟁의 전략·전술을 세우고 진두지휘하며 대활약했다. 그러다 1936년에 국민당계 군벌 옌시샨(閻錫山, 염석산) 부대와의 전투에서 전사하고 말았다.

유지의 2층은 재현 공간으로, 학교의 원래 공간구획과 시설 배치를 타임머신 타고 돌아간 것처럼 그대로 볼 수 있다. 쑨원의 방인 총리실,

장제스의 방인 교장실, 교관실, 교무실, 강의실, 생활관, 식당 등을 옛날 그대로의 크기와 재질과 분위기 그대로 살려놓았다. 그중에는 동일 규격으로 각이 지고 딱딱한 침상에 모포가 잘 개어져 놓여있는 내무반이 제일 인상 깊고 관람객에게 인기 있다. 김원봉 등 여러 한인 생도가 벌떡 일어나 황급히 군복과 군장을 챙겨 착용하는 상상도가 잠시 눈앞을 스쳐 간다.

이 군교 유지는 현재의 중국 육·해·공 군관학교 생도들에게 있어서도 하나의 정신적 모체이고 마음의 지향처가 될 것이다. 그러면서 그들은 중국인민해방군의 골간이 되어 간다. 그런데 한 가지 유의할 점은, 현대 중국의 원형이 되는 중화민국의 건설자요 보위원 역할을 톡톡히 해낸 국민당군의 유명 장군들과 그에 맞서 사생결단의 혈투도 벌였던 공산당군의 명장·지략가들이 대부분 다 이 학교에서 길러졌다는 것이다. 동기생끼리 숙적이 되어버린 경우도 많았다. 국민혁명을 놓고 보더라도 혁명과 반혁명의 주체와 동력을 양편 다 이 학교가 산출했다. 그런 의미에서 황포군교는 이란성 쌍둥이의 어머니였다고 비유해 볼 수 있겠다. 동시에 근대 중국의 혁명사를 알고 이해하려면 반드시 짚고 가야만 할 관문이기도 하다.

그렇지만 이 학교 유지의 전시물들에서 국민당 쪽 군인들이 가려지거나 삭제되고 있지는 않다. 그건 그야말로 용렬한 작태라는 판단에다 엄연한 역사적 사실까지 인멸해 버려서야 되겠느냐는 이지(理智)가 더해진 소치가 아닐까? 그러니까 적어도 이 학교에서만큼은 국민당과 공산당, 중화민국과 중화인민공화국의 대립이 강조는커녕 노출되고도 있지 않은 것이다. '하나의 중국', '세계의 중심 되는 중국'이라는 심상은 그런 데서부터 자연스럽게 만들어져 가고 있을 것이다.

교사 밖의 작은 광장 벽체에 졸업생 명단 일부가 새겨진 석판이 가로로 길게 붙어 있다. 거기에 '김약산(金若山)'이 새겨진 것을 보고 큰 발견을 한 것처럼 즐거워하며 사진을 찍는 한국인 관람객들이 보인다. 하지만 이상한 점이 하나 있다. 김약산 즉 김원봉은 '최림(崔林)'이라는 가명으로 입학했고, 다른 한인 생도들도 대부분 마찬가지였다. 본명 그대로 쓸 때는 출신지를 동북 3성의 어느 한 곳으로 적어서 중국인으로 보이게끔 위장했다. 그러므로 졸업생 명부에 새겨져 있는 '김약산'은 한국인 관람객이 많음을 의식한 근래의 위작(僞作)이라고 보아야 하지 않을까도 싶다.

2 │ 동정열사 묘원의 적요함

군교 유지에서 나와 아래쪽으로 조금 걸어가 왼편으로 굽어지는 길을 도니 육중한 철문이 있고, 그 안으로 여러 시설물이 보인다. 이름하여 '동정열사묘원(東征烈士墓園)'이다. 경비원에게 잘 교섭해 곧 들어갈 수 있었다.

여기는 아까 본 군교와 정반대의 분위기다. 적막하달 정도로 고즈넉하고 엄숙도 하다. 한 곳이 조금 뚫린 ㅁ자형으로 길게 둘러쳐진 석축 담장 안에 입구에서 안쪽으로 높아지는 지형을 이용해―혹은 일부러 그렇게 조성했을지도 모른다―층층이 석조계단이 놓여있고, 중간중간에 아치형의 출입구를 둔 일주문(一柱門)이 서 있다. 각각의 문에는 조금씩 다른 내용의 명표(名標)와 명문(銘文)이 전서체(篆書体)로 새겨져 있기도 하다. 그 너머로 발길이 가닿는 마지막 장소, 그러니까 가장 높은 곳이 묘역인데 비석들이 열을 지어 빼곡히 들어서 있다. 비석 아래에 각인의 유해가 실제로 묻혀있는지는 경우마다 다를 것 같다.

아무튼 이런 방식으로 동정진망열사(東征陣亡烈士) 기념방(紀念坊)과 동정진망 장사묘(將士墓), 동강진망열사 기공방(紀功坊)과 동강진망 열사묘가 구분 지어 조성되어 있다.

본래는 1924~25년의 상단(商團) 반란 진압, 양차 동정, 천중밍군 토벌 등에 나섰다가 전사한 황포군교 생도 516명의 공적을 기리고 위령하고자 일부 고위급 장교들의 묘를 포함해 이곳 만송령(萬松岭)에 조성한 것이다. 1925년 12월에 시공하여 1926년에 완공되었고, 군교 교장 장제스의 집전으로 낙성식이 거행되었다. 그 후 1927년 동강지구에서 전사한 장교나 사관후보생들도 여기에 같이 '열사'로 모셔졌다.

동정열사묘원의 일주문

동정진망장사묘의 내력문과 기념방

특별히 주어진 관람 기회이지만 직원 퇴근 및 폐문 시각이 임박한 관계로 모두 다 자세히 살펴볼 수는 없었다. 전체 구역을 잠깐씩 둘러보고는 묘역을 조금 더 세심히 살펴보았다. 직원 두 명이 나와 저편 구석에 서서 조용히 주시하는 가운데 우리는 세워진 묘비를 하나씩 짚어가며 확인해보았다. 그러던 끝에 2명의 한인 즉 김근제(金瑾濟)와 안태(安台)라는 이름이 각명된 비석을 드디어 찾아냈다. 두 분 다 1927년 10월에 입교한 6기생이다.

이 두 비석은 2009년 광저우 한국총영사관에 근무 중이던 강정애 박사가 처음 발견했다. 그녀의 보고 덕분에 알 만한 사람은 이제 다 아는 장소가 되었다. 그래도 현지에서 두 눈으로 직접 대하니 생생한 실감이 오고 그만큼 또 감격스럽다.

안태의 묘비에는 충북 괴산 태생으로 1927년 11월 9일에 사망한 것으로 적혀 있다. 김근제의 묘비에는 한국인이며 '제2학생'이라고만 적혀 있다. '제2학생'이란 난징의 중앙군관학교가 곧 개교할 것이라서

동정열사묘원의 묘역과 김근제·안태의 묘

그리로 옮겨가 졸업할 제1총대와 달리 광저우에 그대로 있다가 졸업할 제2총대 소속의 생도였다는 뜻으로 읽는다. 사망 시점으로 보아 두 분은 '동정' 아닌 '동강' 진망 열사였음이 확실하다 싶은데, 동강지구에서 농민봉기 촉발과 농촌 소비에트 지원을 막 시작한 홍2사 토벌을 위해 파견된 학생군의 일원이었다가 전사한 것이 아닐까 여겨진다. 그렇다면 동강진망 열사묘역과 두 분의 묘비는 그 취지에서 김산이 광둥에서 걸어간 길과 반대쪽의 것이 된다. 그런 생각이 드니 갑자기 슬퍼지고 안타까운 느낌이 밀려온다. 이 묘역에서 짙게 느껴진 적요도 그런 점과 무관하지 않았을 거 같다.

3 | 중산대학 본부 구지와 루쉰기념관의 아취

광둥 답사 6일차 되는 날인 12월 2일부터 4일 오전까지의 이틀 반 동안은 광저우 원도심인 월수구(越秀區) 일대를 중심으로 시내 여러 곳의 광둥 혁명사 및 광저우봉기 관련 유적지를 부지런히 찾아다녔다. 일정과 순서는 박국장이 알아서 정해놓은 대로였는데, 그 나름으로 매긴 중요도와 우선권에다 이동 편의성을 같이 고려해서인 거 같았다. 어쨌든 볼 만큼 보고 나서 그 답사기를 적는 마당에는 실제 탐방 순서대로만 써가기를 고집할 게 아닌 것 같다. 그러기보다는 개개 유적지 관련 사건의 발생 순차, 김산 등 주요 인물(군)이 길게든 짧게든 겪어갔던 물리적 경로나 사회적 관계의 시간적 순서에 따라 기술하는 편이 낫겠다는 생각이 든다. 그래야 어떤 흐름이 얼추 그려지고 독자들도 뒤로 먼저 갔다가 앞으로 돌아가고 식의 혼선 없이 편안히 대하고 쉽게 이해할 수 있겠다 싶어서이다.

그래보기로 했을 때 가장 앞에 둘 탐방지는 월수구 문명로(文明路)의 중산대학 본부 구지와 루쉰(魯迅) 기념관이다. 전자는 김산이 광저우로 와서 얼마 후 편입해 다닌 대학이고, 후자는 그가 재학 중에 문과 교수로 일시나마 재직했던 이의 자취가 짙게 남아있는 곳이기 때문이다. 1부에서 이미 언급했다시피, 김산은 1926년 봄학기에 중산대학의 의학부 본과 1학년에 편입했다가 그해 가을학기에 전과해서 법학부 본과 1학년생이 되었고, 정치학 전공이면서 경제학 연구에도 몰두했다.

　루쉰은 1927년 1월 중순에 중산대학으로 초빙되어 와서 본부 교무주임 겸 문과 주임교수로 임명되었다. 그는 베이징여자사범대학의 교수로 재직 중일 때 1925년의 대대적인 학생시위로 인한 학내사태와 1926년 돤치루이 정권의 발포로 인해 그의 제자를 포함한 3백 명의 사상자가 발생한 '3·18 참사'를 겪었다. 그리고 그때마다 당국에 강력히 항의하며 학생 편을 들었고, 그로 인해 수배되는 등의 여러 곡절을 겪었다. 그러다 푸젠성의 사립 샤먼(廈門, 하문)대학에서 문학과 교수로 초빙하기에 1926년 9월에 그리로 갔다. 하지만 교수들 대부분이 젖어있는 완고한 허위의식에 크게 실망했고, 대학 경영진이 노골적으로 내보이는 속물근성도 몹시 역겨웠다. 때마침 중산대학 교무위원회로부터 초청이 오길래 그는 망설임 하나 없이 1927년 1월에 광저우로 옮겨간다. 베이징 여사대의 제자였는데 루쉰을 무척 사모하여 결국 연인이 된 쉬광핑(許廣平, 허광평)이 먼저 광저우에 가 있는 때문이기도 했다. 수많은 사람들의 기대 어린 환호 속에 중산대로 부임하면서 루쉰은 대종루(大鐘樓)에 숙소 겸 연구실을 배정받았다. 캠퍼스의 정중앙에 위치하며 대학본부가 들어선 본관이고 가장 높은 건물이기도 해서 중산대의 상징처럼 여겨지는 곳이었다.

　광저우 도착 얼마 후에 루쉰은 1911년의 3·29 반청봉기를 기념하는 황화절(黃花節)을 맞으며 써낸 수필에서 혁명은 끝이 없고 언제까지나 '아직 성공하지 않은' 것이어야 함을 갈파했다. 쑨원이 숨을 거두

중산대학 본부 구지와 루쉰기념관의 정문

중산대학 본부 구지(루쉰기념관)와 대종루의 근경

면서 동지들에게 남긴 말, "혁명은 아직 성공하지 않았다(革命尙未成功)"를 얼마간 원용하면서 훨씬 그 이상의 '영구혁명론'으로 나아간 것이었다. 그즈음의 다른 어느 글에서 그는 혁명이 마치 완결이라도 된 듯이 떠들썩한 구호나 행진으로 기념이나 하려 들면 혁명의 책원지 광저우는 언제든지 반혁명의 책원지도 되어버릴 수 있다고 경고했다. 쑨원이 당부했듯 '더 노력'해야 한다는 것이다. 그것은 무서운 예언이 되었다. 그로부터 보름쯤 후, 장제스의 4·12 쿠데타가 돌발했고 광저우에서도 수백 명의 중산대학생이 군대에 잡혀갔다. 그때 루쉰이 학교 당국에 강력한 대책 강구를 요구했지만 돌아오는 건 구차한 변명과 수수방관뿐이지 도무지 움직이려 들지를 않았다. 크게 실망하고 격분한 루쉰은 즉각 4월 21일에 사직해버렸고, 한동안 백운로의 셋집에 머무르고 있다가 그해 10월 쉬광핑과 함께 상하이로 가버린다.

고등교육 이수의 첫 경로가 의학이었다는 것, 군벌정부의 정치적 박해가 심한 베이징에서 같은 때 같은 하늘을 이고 살았다는 것, 그리고 광저우에서도 같은 때 같은 학교의 교수와 학생이었다는 것, 이런 인연들이 루쉰과 김산의 공통점이고 연결선도 될 것이었다. 1930년경에 김산이 소설과 시를 써서 발표하곤 했음에서, 비록 초보적이지만 문예작가이기도 했다는 것도 공통점에 추가할 수 있음 직하다.

중산대학의 문과와 법학과는 문명로의 본부를 둘러싼 캠퍼스 안에서도 인접해 있었을 테니, 두 사람이 오다가다 혹 마주쳤거나 김산이 김성숙과 함께 찾아가 인사하고 담화를 나누었을지도 모른다. 루쉰의 중산대 재직 기간이 불과 3개월, 광저우 체류 기간은 9개월밖에 안 되었기 때문에 그와 김산과의 접촉면이 그리 크지 않았을 수는 있다. 『아리랑』에는 루쉰에 관한 얘기가 일절 나오지 않지만, 님 웨일즈가 1961년에 출간한 『노트』에는 김산이 광저우에서 루쉰을 알게 되었고 그가 정직하고 신의가 있어서 좋아했다고 말했음이 적혀 있다. 1930년 3월 상하이에서 좌익작가연맹이 만들어지자 김성숙도 참여해 활동했는데, 그 조직의 성립과 운영은 루쉰·딩링(丁伶, 정령) 등이 주도한 것이었다. 1937년 6월 옌안에서 김산이 님 웨일즈와 알게 된 것도 그가 루쉰도서관에서 영문 책자를 많이 대출했던 때문이니, 그것도 인연이라면 또다른 인연이었다.

중산대학으로 개명한 국립광둥대학은 당초 국립광둥고등사범학교와 광둥공립법과대학 및 국립광둥농업전문학교를 통합하여 설립되었고, 고등사범학교 자리가 캠퍼스의 주축을 이루었다. 이 사범학교의 예당(禮堂)에서 1924년 1월 하순의 열흘간 중국국민당 제1차 전국대표대회가 열렸는데, 그 자리가 지금의 대종루 건물 1층이다. 그래서 거기만 떼어서 일컬어 '1대 회의 구지'라고 한다. 옆 건물인 명원루(明遠樓, 속칭 홍루)는 청나라 때 광둥 출신의 관원을 뽑는 과거시험장인 공원(貢院)이 있던 곳이다. 현재 그 터와 건물의 축소모형을 제작, 설치해 보여주고 있다. 1930년대에 천하구(天河區) 오산로(五山路)에 새로 캠퍼스가 마련되면서 중산대학 유지는 거의 소실되어 없어졌고, 지금은 대종루와 홍루만 남아있다.

대종루 건물의 1층으로 먼저 들어가보니, 1대 회의 상황을 그럴싸하게 재현해놓은 형국이다. 머리 위로 수십 장의 청천백일기가 정면의 단상에서 회의장 끄트머리의 출입구까지 긴 줄에 달려서 미풍에 흔들리고, 단상에는 쑨원의 영정과 청천백일기가 같이 걸려 있다.

중앙 통로 양편으로 의자가 열 줄가량 가지런히 놓여있는데, 매 좌석 뒤에 지정 착석자의 명표가 위 아래로 긴 종이에 씌어 붙여져 있다. 리다자오, 탄핑산, 마오쩌둥 같은 몇몇 공산당원의 이름도 눈에 띈다. 공산당과의 합작 성사로 삼민주의 재해석을 제시하고 국민당을 개조(改組)하는 대회가 된 그 회의에 공산당원이면서 국민당에 개인 자격으로 가입해 간부로 내정된 이들이 앉은 자리였던 것이다.

이때 쑨원의 사전보고 그대로 선출된 총 51명의 중앙집행위원·중앙

감찰위위원(후보 포함) 중 9명이 공산당원이었다. 그러니까 이 대회는 국민혁명운동의 성공을 위한 국공합작의 실제적 출발점이요 상징이 된 회의였다. 벽에는 국민당의 혁명운동 역정, 당 조직의 변천과 주요 직임인들을 보여주는 액자형 패널들이 걸려 있다. 현재의 중국공산당 당국이 이 자리를 현장감이 나게 복원해 놓고 널리 관람시키는 것도 '하나의 중국'을 강조하는 정책 지향과 상응하는 조처인 것으로 보인다.

중국국민당 제1차 전국대표대회(1924)의 회의장 재현 모습

2층으로 올라가니 루쉰기념관이다. 전체 공간을 몇 개의 격실로 나누어 다양하고도 촘촘하게 전시내용을 구성하고 채워놓았다. 루쉰의 생애 전반과 광범위한 사후적 영향, 광저우 시절의 활동 행적과 써내고 발표한 문예작품들, 그때 만나고 사귀었던 사람들, 열심히 참여하고 벌여간 목각운동, 사생활 부면과 일상적 생활상 등의 다섯 가지 주제로 나누어, 영인·복제 기록물, 사진 자료, 실물 모형, 각종 소도구 등으로 오밀조밀 재현해내고 있다. 숙소 겸 연구실 겸 서재와 문과 강

의실도 그럴듯하게 꾸며놓았다. 즐겨 입던 창파오(長袍) 차림의 루쉰의 일상 거동을 마치 실제인 듯이 보고 있고, 느리고 조금은 쉰 음성으로였을 그의 강의도 단호한 어조로 들려오는 것 같다.

전시물을 하나하나 다 들여다보며 눈에 담고 읽어보고 하려면 몇 시간이라도 부족할 것 같다. 쉬광핑과의 연사와 동거생활 동안의 여러

광저우 시절 루쉰의 풍모와 일화 그림들 (출처: 루쉰기념관)

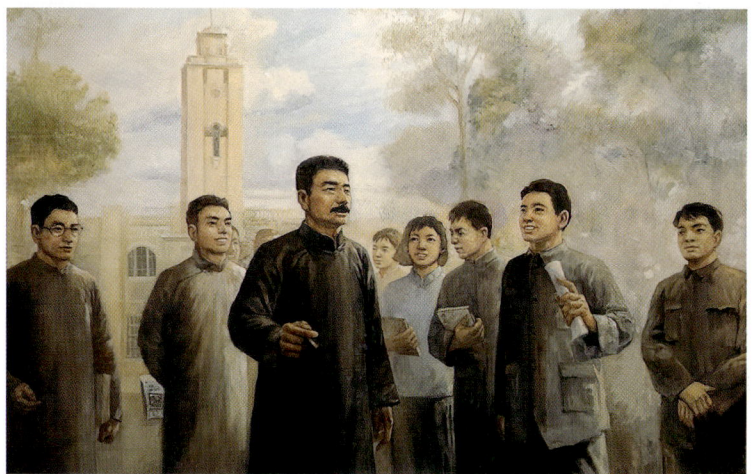
중산대 학생들과 대화하는 루쉰 (그림) (출처: 루쉰기념관)

일들을 세세히 많이 재현해 놓았음도 인상적이다. 혁명가에게도 사랑이 있었다고 함을 강조해 말하려는 것인가? 나빠 보이진 않는다. 세상과 사람들에 대한 통찰력, 분석력, 표현력에서 그 누구도 못 따라갈 최고의 경지를 보여주던 지성인 루쉰도 실은 피와 살을 가진 한 사람의 인간이었음이 분명함을 새삼 확인해 볼 수 있었다고 할까?

기념관 관람을 마친 후 선전으로 가서 장두인 회원의 초대로 맛있는 저녁을 반주 곁들여 먹었다. 처음으로 상면해 인사 나눈 그는 재일동포 3세 사업가라는데, 시종 친절하고 부드럽고 푸근한 인품이 말과 표정에서 우러나왔다. 루쉰이나 김산과는 좋은 의미에서 정반대의 인간형일 그의 환대가 지금도 생생히 기억되며, 감사하는 마음으로 또 만나볼 수 있기를 고대한다. 식사 후에는 도로에서 주강 주변의 야경과 휘황한 조명이 계속 바뀌는 타워건물을 구경하고 장두인씨의 배웅을 받으며 숙소로 들어갔다.

선전의 주강 주변 야경

4 | 광저우기의 기념관의
다변과 호기로움

광둥 답사 7일차인 12월 3일 아침에 광저우기의 기념관을 가보았다. 월수구 광주기의로 200호에 위치해 있는데, 유서 깊고 곡절 많은 장소이다. 원래는 청나라 때 경무공소(警務公所)가 있던 곳인데, 신해혁명 후 광둥성회(廣東省會) 경찰청으로 개조되었다가 국민당정부 성립 후 광저우시 공안국이 되었다. 1927년 12월 11일의 봉기 첫날 새벽에 이 공안국이 봉기군에 우선 공점되었고, 그 직후 광저우공사 판공처가 정문 맞은편의 서향 중루(中樓)에, 공농홍군 지휘부가 정문 왼편의 남향 북루에, 경위연 본부와 창고가 정문 오른편의 북향 남루에 두어졌다. 하지만 그것은 단 3일간이었고, 봉기군이 물러간 후에는 예전의 광저우시 공안국으로 돌아갔다고 봐야 할 것이다.

1949년 공산군에 의한 광저우 해방 후에도 계속 그렇게 시 인민정부의 공안국으로 쓰이다 1956년에 남루의 용도가 '광저우기의 진열실'로 바뀌었다. 1961년 들어 국무원 공포로 전체 건물과 구지가 전국중점문물보호단위로 지정되었고, 1987년에 기의기념관이 지어져 개관한 것이다.

양옥 형태의 세 건물은 ㄷ자 형상으로 자리잡았고, 정문의 문루까지 합하면 ㅁ자 구조이다. 건물 외벽의 기둥과 난간 등은 모두 진황색으로 칠해져 있다. 전시관은 북루에 설치되어 있는데, 봉기 당시에는 그 2층에서 예팅, 예젠잉, 쉬광잉, 녜룽전 등의 공농홍군 지휘부가 자리 잡고 앉아 작전지휘를 했다. 소비에트정부 비서장 윈다이잉도 2층 서편의 작은 방 한 칸에서 집무하며 정부 문건을 기초했다고 한다. 실은 김산도 봉기 발발 후의 3일 동안 이 2층을 수차 드나들었음이 같이 기억되어야 한다.

광저우기의 기념관의 북루 전시관

광저우기의 전시관 입구

 북루의 전시관으로 들어가 보면, 광저우봉기의 발발 배경이 되었던 바 제반 정치정세의 급변 상황, 중공당에 의한 봉기 준비, 봉기의 발발과 전개 상황, 적의 강력한 반격에 의한 봉기의 실패, 동강지구로의 퇴각 과정을 1층 출입구에서 2층의 마지막 전시실까지 잘 재현해놓고 있다. 문서, 사진, 그림, 동영상, 무기류·군복·장구 등의 실물 복제품과 같이, 동원 가능한 모든 유의 재료가 벽면과 가설(架設) 전시대에 빼곡히 들어차 있다. 광저우봉기의 시작부터 결말까지의 전체 과정에 대한 사전 개관과 빠른 이해를 위해서는 동강지구의 사적지로 가보기 전에 이곳엘 먼저 와서 보고 갔으면 좋았겠다 싶다는 생각이 들었다.

특기해 둘 것은 여기서 광저우봉기에 대한 중국공산당의 공식적 입장과 평가를 볼 수 있다는 것이다. 전시 들머리의 패널에 큰 글씨로 선언하듯 단단히 박혀 적힌 「서장」은 이렇게 되어 있다. "광저우봉기는 국민당 반동파의 학살정책에 대한 영웅적인 반격이었고, 봉기는 중국 최초의 도시 소비에트 정권인 광저우 소비에트 정부를 수립했다. 비록 실패했지만, 난창봉기, 추수봉기와 함께 중국공산당이 독자적으로 혁명전쟁을 이끌고 인민의 군대를 창설하는 위대한 발단이 되었다."

전시 끄트머리의 「맺음말」에는 또 이렇게 적혀 있다: "광저우기의는 중국공산당 영도 하의 무장투쟁이 모색되고 있던 초기에 발생했다. 이는 국민당 신군벌이 혼전 중인 유리한 시기를 중국공산당이 충분히 이용한 것이고, 국민당 반동파가 혁명을 배반하여 도살정책을 실행함에 대한 제1차의 영용한 반격이었다. 광저우봉기는 결국 실패하고 말았지만, 중국혁명에 귀중한 역사경험을 제공했고 중국혁명의 장기투쟁에서 중요한 역할을 해냈다." 이 「맺음말」이 「서장」보다 관람객들로부터 더 큰 공명을 얻을 거 같아 보이는데, 요컨대 충분한 이유를 갖고서 용감하게 실행된 봉기였는데 현실적으로는 분명 실패했다, 하지만 장기적으로는 긍정적인 방향에서 중국혁명의 성공과 완수에 중요한 역할을 해냈고 막대한 영향을 미쳤다고 종합적으로 평가하는 것이다.

전반적으로 기념관의 분위기는 장중하면서도, 많은 내용을 담아내는 만큼 무척 다변이라 느껴지기도 한다. 그만큼 자부심도 넘쳐난다. 단기적으로는 실패했다 하겠으나 결국은 우리가 승리한 것 아니냐고 되묻는 호기로움이 자신만만하게 발해지는 것이다.

5 | 광저우기의 열사능원이 웅변해주는 것들

광저우봉기를 국민당군이 진압하는 과정에 무려 5,700여 명의 공산당원·노동자·봉기동조자가 무참히 살해되었다고 한다. 이 희생자들을 지금은 일괄해 '열사'로 부르는데, 시신이 잘 수습되었거나 제대로 처리되지는 않았다. 국민당군으로서는 전혀 '의무 없는 일'이었고, 오히려 시신을 능욕하지나 않으면 다행이었다. 실은 거의 모든 시신이 수거되어 차에 실려 가서 주강의 강물 속으로 유기되어버렸다.

살아남은 봉기군은 숨을 데도 없으니 멀리 피신해 가기에 급급했고, 30년쯤 후인 1950년대가 되어서야 봉기 때의 희생자들에 대한 최소한의 도리라도 해냄이 비로소 가능해졌다. 비록 가묘가 될지라도 공식적인 묘가 합장(合葬) 형태로라도 있어야 그나마 영혼의 안식처가 마련될 셈이었다. 그래서 1954년 광둥성·광저우시 두 정부에서 황화강 남쪽의 홍화강(紅花崗)에 열사능원을 세우기로 결정했다. 그 결과, 봉기 30주년 되는 1957년에 능원 조성이 완결되어 12월 11일에 개막하고 이듬해 5월 1일부터 개방한 것이 오늘의 광저우기의 열사능원이다.

12월 2일 아침, 숙소를 나와 열사능원 정문과 동문 사이의 조그만

광저우기의 열사능원의 정문

식당에서 간편 조식을 먹은 후 남문에 해당하는 정문으로 들어섰다. 정문 바로 안쪽의 관리소 옆 벽에는 이 능원이 '전국 애국주의 교육기지'를 위시하여 여러 수준의 기지·보호단위·경구(景區)·주제공원임을 자랑하는 표찰이 무려 10개나 부착되어 있다. 멀리 맞은편에는 높이 솟은 석상이 장대한 체적까지 더해진 위용으로 시야를 압도한다.

 거기까지 광폭으로 곧게 뻗어간 보행로에는 잘 다듬은 화강암들이 단단히 깔려 있다. 넓게 뚫린 그 길은 약간 경사가 져서, 조금은 올려다보는 느낌을 계속해 가지면서 걸어가게끔 되어 있다. 길 양편에는 소나무와 잣나무가 우거졌으며, 중간의 잘 꾸며진 분수대와 화단에서 붉은 꽃을 강렬한 색감으로 피워내니 무척이나 밝고 화사한 느낌도 준다. '능원'이 당연히 자아낼 장중·엄숙함과 약간 대비가 되면서 얼마간은 감정적 중화도 해주는 것 같다. 가까이 가서 보니 석상은 거대한 암석 기단 위에 전사의 오른손이 총대를 꽉 움켜잡은 형상이다. 높이가 무려 41m라고 한다. 기단을 원형으로 둘러싼 화강암 보호석에

옆에서 본 광저우기의 기념비

는 봉기 준비부터 결말까지의 전 과정이 힘찬 모습으로 부조되어 있다.

이 능원은 총면적이 18만㎡에 달하고, 능구(陵區)와 원구(園區) 두 부분으로 나뉘어 있다. 능구는 기념하고 우러르기 위한 구역으로, 안쪽의 거대한 열사묘에서 바깥쪽의 정문 방향으로 여러 종류의 기념물이 배치되어 있다. 기념비나 열사묘 앞에서의 각종 제례, 기념의식, 헌화에는 〈열사공묘판법(烈士公墓辦法)〉의 해당 조항에 규정된 바를 따라 지켜야 할 절차와 법식이 있다.

원구는 능구보다 더 넓고 한적한 느낌을 주며, 숲길과 호수도 있어서 산책하기에 좋다. 능원은 아침 일찍 6시에 문을 열고 밤 9시에 닫으며 입장료가 무료인데, 원구가 시민공원의 역할도 같이 하라는 취지일 것이다. 원구의 북문 가까이에 혈제헌원정(血祭軒轅亭), 중조인민혈의정(中朝人民血誼亭), 중소인민혈의정이 건축되어 있다. 원구 안의 여러 건조물에는 저우언라이, 주더, 덩비우(董必武, 동필무), 덩샤오핑(鄧小平, 등소평), 예젠잉 등 '혁명원로'들의 친필 제사(題詞)가 각인되어 있다.

우리는 광저우기의 기념비, 광저우공사 열사공묘, 10대 영모사적(英謨事迹), 혈제헌원정, 중소인민혈의정, 중조인민혈의정, 전람관, 예젠잉 기념비, 광저우기의 영도인 조상(彫像) 기념광장, '사형장의 혼례상' 순으로 거의 모든 기념시설을 둘러보았다. 열사공묘는 봉기세력의 희생자 5,700여 명 전원의 합동묘인 셈인데, 지름 40m, 높이 6m 정도 되는 초대형 봉분이다. 분묘(墳墓) 파훼 사태는 만에 하나라도 절대 막아내겠다는 듯이 석판 수십 개가 잇대어져 봉분 아래쪽을 두르고 있다. 정중앙의 석판에 '광주공사열사지묘'라는 주더의 붓글씨가 각인되어 묘표(墓標)가 되고 있다. 나는 이 석판들이 혼령들의 터져 나오려는 분노로 어느 날 갑자기 분묘가 폭발함을 막는 장치처럼도 느껴졌다. 여기에 한인 희생자 200여 명의 영혼도 같이 모셔져 있을 것이기에 더욱 숙연해지고, 한 번 더 고개 숙여 묵념을 했다.

광저우기의 열사능원의 열사공묘

다음으로 눈여겨 본 곳은 중조인민혈의정이다. 명칭 그대로, "중국과 조선 인민이 피로 맺은 우의"를 기념하기 위해 세워졌다. 1963년에 북한정권의 내각 수상인 최용건의 중국 방문을 계기로 저우언라이 총리의 지시에 따라 1964년에 건립되었다고 한다.

건축물의 규모도 규모지만, 전체 구조와 조형미를 볼 때 세심하고도 정성을 들여 만들었음이 느껴진다. "여기는 내 자리가 맞다"는 듯이 의연하고도 차분하게 들어앉은 정자 안에는 3m 높이의 큰 비석이 세워져 있다. 앞면에 "중국 조선 양국 인민이 같이 싸운 우의는 만고에 길이 청청하리라!"는 뜻의 제사가 예젠잉의 또박또박 쓴 친필 정자체로 새겨져 있다. 뒷면에는 한인 용사들의 광저우봉기 참여 경과와 결

중조인민혈의정의 외부 전경, 명판

김산 따라 아리랑 로드로

과를 요약 서술하고 "광저우기의에서 희생된 조선동지들이여, 영원토록 불멸하리라!"는 마무리 말에 앞면의 제사를 다시 붙여 끝내는 식으로의 보고 겸 추도문이 예서체의 횡서로 새겨져 있다.

중조인민혈의정의 비석 앞면과 뒷면

군복 차림으로 찍은 사진 속의 젊은 날 예젠잉은 정말 헌헌장부의 미남자여서 로맨스 영화의 주연배우 같이도 느껴지는데, 이 추도문도 깔끔하고 멋있기가 그와 같다. 하지만 글이 미문(美文)이어서 감동적인 게 아니라, 그가 우한의 군관교도단 단장이었고 광저우봉기 때는 공농홍군 총사령이었기에 한인 참가자들이 얼마나 용감하게 헌신적으로 싸우다 죽어갔는가를 현장에서 똑똑히 보았고 다 아는 처지에서 진심을 담아 썼다고 보이기 때문이다. 이 글을 쓸 때 그의 눈앞에 김산을 포함한 수많은 한인 용사들의 얼굴과 이름이 어른거렸을 것이다.

"마지막 사하전투에서 끝까지 진지를 지켜 대부분이 용감하게 희생"이라고 적힌 것은 최용건의 회고 언설을 반영시킨 것이다. 전투참가자를 150명이라 한 것도 자기만의 체험과 입장을 투사시킨 말인데, 실은 희생자만도 200명 이상이었다. 한인 용사들의 봉기 참여 실상과 희생의 전모를 최용건은 정확히 완전하게 파악해 본 바 없이 그저 자기 공적 위주로만 말하려 했음이 간접 증거되는 대목이다.

중조인민혈의정의 북쪽에 중소인민혈의정이 있다. 광저우봉기가 일단 진압되고 소탕 국면으로 넘어가 있었을 때 부영사를 비롯한 5명 정도의 소련 총영사관원이 국민당군에게 피살된 것을 기념한다고 세워진 것이다. 그걸 두고 '혈의'라고 하는 건 상당히 억지스럽다 하겠거니와, 중조혈의정과는 달리 비석이 없는 것도 비석을 세울 만한 이유를 찾을 수가 없었기 때문이다. 중소혈의정은 스탈린 사후 1957년에 건립되었고, 중조혈의정은 중소간 국경문제가 불거지고 있던 시점에 건립되었음도 유의해 둘 바이다.

두 혈의정 인근의 혈제헌원정은 추녀가 날아갈 듯 아름다운 정자다. '혈제헌원'은 루쉰이 지은 시의 제목이었는데, '혈제'는 피를 제물로 바치는 제사이고, '헌원'은 고대 중국의 전설상의 황제를 말한다. 그러니

혈제헌원정 전경

까 이 4자의 속뜻은 내가 사랑하는 그 어떤 대상에게 몸 바쳐 충성하겠다는 것이고, 결국은 나라 사랑의 혁명적 행동이다.

중공당원 저우원영(周文雍, 주문옹)은 광저우봉기 실패 후에 여성 당원 첸티에쥔(陳鐵軍, 진철군)과 부부로 위장하고 당의 비밀공작을 수행했다. 그러다 실제로 사랑하는 사이가 되었는데, 불행히도 국민당군에 같이 붙잡혀갔다. 감옥에 있을 때 저우원영의 요청을 당국이 받아들여 주어서, 두 사람이 철창 안에 나란히 서서 사진을 찍었다. 결혼을 했다는 증표로였으니 옥중 결혼식을 올린 셈이다. 하지만 사형선고가 내려진 두 사람은 1928년 2월 6일 홍화강의 사형장에서 처형되고 말았는데, 이 정자 앞의 연못이 바로 그 처형지였다. 그 슬픈 사연을 추념하기 위해 같은 자리에 정자가 세워졌고, 저우원영이 생전에 써두었던 '혈제헌원'이 정자의 현액(懸額)이 되었다. 누군가는 이 고사로부터 박열(朴烈)과 가네코 후미코(金子文子)의 열애 관계를, 또 누군가는 5.18 항쟁의 한 주역이던 윤상원과 박기순의 사후 영혼결혼을 연상해내기도 한다. 그럴듯한 비교사적 상상이다.

원구를 둘러보고 나서 아래쪽의 능구로 다시 들어가면 3개 동이 연결된 전람관과 마주

저우원영과 첸티에쥔이 감옥에서 같이 찍은 사진
(출처: 광저우기의 열사능원 내 전람관)

친다. 들어가 보면, 광저우봉기의 과정과 실상, 그리고 주역이던 인물들에 관한 사진과 문서, 증언자료들을 잘 정리해 전시해놓고 있다. 선 굵은 필치로 힘차게 그려낸 유화와 판화 작품들도 더러 보인다. 광저우기의 기념관의 전시실이 다소 산문적이라면, 이 전람관의 전시는 비극의 희곡 같기도 하고 영웅적 서사시 같기도 하다.

거기서 다시 정문 쪽으로 난 길을 걸어가다 보면, 오붓하게 조성된 공지에 순백색의 석고 인물 흉상이 계속해서 인사하듯 나타난다. 〈광주기의 영도인 조상 기념광장〉인데, 봉기 지도부와 열사 각인의 얼굴을 조형해놓은 것이다. 석고상의 특징이 대체로 그렇지만, 다들 보기 드문 미남에다 대장부 형이고, 먼 하늘로 눈을 두거나 정면을 응시하는 당당 의젓한 자세이다. 사실과 맥락을 다 빼놓고 보면, 도대체 누가, 왜, 이 사람들을 죽였는가고 통분하게도 만든다. 한 사람 한 사람씩 조상의 받침대에 쓰인 약력을 읽다보면 하늘은 세상 드문 인재부터 데려가는가 보다 하는, 약간의 울분 섞인 비감마저 든다.

저우원영과 첸티에쥔의 반려 청동상

이 광장의 아래쪽에는 수갑 찬 첸티에쥔이 저우원영의 어깨에 얼굴을 기대고 선 모습의 전신 청동상이 세워져 있다. 관람객의 감정선을 최고조로 끌어올려, 능원을 나가서도 한동안 감동의 여운을 그대로 유지하게끔 해주는 장치인 것 같다. 그렇다면 능원 답사의 마무리 지점으로서의 기능을 다해주는 셈이다.

6 | 황화강 72열사 묘원의 여유와 자부심

광둥 답사 8일차인 12월 4일, 귀국하는 날이다. 인천행 비행기 출발 시간은 오후 3시 넘어서다. 공항 가기 전에 마지막 한 곳을 더 보기로 했다. 웨슈구의 동산 근처, 황화강 72열사 묘원('황화강 공원')이다. '황화강'이란 '노란 꽃들이 묻힌 언덕'이라는 뜻일 거다. 이 공원의 유래와 얽힌 사연을 알아보니 대략 이러했다.

1910년 11월부터 쑨원 중심의 비밀결사 중국동맹회가 준비해 온 반청 무장봉기가 1911년 4월 27일(음력으로는 3월 29일) 광저우에서 벌어졌다. 행동의 중심에는 동맹회의 2인자 황싱(黃興, 황흥)이 있었다. 하지만 미국 화교부터의 자금조달이 늦어졌고, 홍콩으로부터의 무기 반입도 원활하지 못했다. 게다가 내부 스파이가 있어서 그 밀보를 받은 정부군이 사전 방비에 나섰다. 그 바람에 봉기가 계획대로 진행되지 못하고 결국 실패로 돌아갔다.

그 결과, 100여 명의 동맹회원이 희생되었다. 그중 72구의 시신을 동맹회 중견회원 판다웨이(潘達微, 반달미)가 『평민보(平民報)』 기자임을 내세우면서 위험을 무릅쓰고 수습해 홍화강에 묻었다. 신해혁명 성공 후 쑨원의 지시로 열사 묘가 축조되고 묘역만 떼어 '황화강'으로 개칭되었다. 그때의 72인 열사 말고도 혁명을 위해 헌신하다 생을 마친 다른 동지들의 묘도 그 후에 여기 만들어졌다. 그리하여 총 86인의 영령이 모셔져 있고 공원도 조성되었다.

황화강 72열사 묘원 정문

  파리의 개선문 비슷한 모양의 웅장한 아치형 석조 정문을 지나 묘원으로 들어갔다. 면적이 무려 13만㎡라니, 굉장히 넓다. 공원 되기에 족하다. 그래서일까, 아침 6시 30분에 개방해서 밤 9시에 문 닫는다고 한다. 경내에서 여유롭게 천천히 걸어다니거나 군데군데 놓인 돌판 의자에 무심히 앉아있는, 아니면 어울려 같이들 맨손 운동하는 남녀 노인을 많이 볼 수 있었다.

  안으로 쭉 걸어 들어가니 정면에 72열사 묘가 있다. 묵직한 기단이 넓게 받쳐주는 위로 72개의 진회색 돌을 층층이 계단식으로 쌓아 올렸다. 좌우 대칭형 석조 묘다. 꼭대기에 큰 종 모양으로 조각된 덮개가 있고, 그 위에 횃불 든 '자유의 여신' 상이 우뚝 서 있다. 묘 뒤편의 기

공방(紀功坊)에 열사들의 이름이 한 명 한 명 다 새겨져 있고, 맨 뒤의 석판에는 「광저우 신해 3월 29일 혁명기」가 새겨져 있다.

황화강 봉기가 있은 지 16년 후인 1927년, 꼬뮨 봉기의 실패가 분명해지고 있던 12월 13일 저녁에 동강지구로 가려는 봉기군 일행이 여기 집결했다. 장소적 편의성 때문만은 아니고, 여기 묻힌 애초의 72인 열사처럼 혁명의 대의를 끝까지 지키면서 온몸을 다 바치겠다는 결의를 마음으로 더 다지기 위해서이기도 했을 거다.

묘원의 풍치가 기막히게 좋다. 쭉 뻗어 올라간 대나무들을 아치형으로 교차시켜 그 밑으로 길을 낸 죽림로가 있다. 종을 달리하는 침엽수·활엽수들이 작은 숲을 이루어 키와 무성함을 자랑한다. 그 사이사이로 1911년 이후에 작고한 여러 혁명가의 개별 묘가 있고, 1924년의 베트남 해방운동 열사 팜홍타이의 무덤도 있다. 또한 선열들의 사적을 기리는 조각상 기둥과 정자들이 서 있는데, 기둥을 감아 올라가는 모양으로 멋지게 조형된 조각들이 감탄을 금치 못하게 한다. 나무들과 조형물들 모두에 열사들의 넋이 조용히 깃들어 있을 것 같다.

전체적으로 이 묘원은 다른 묘원처럼 장중함과 엄숙함이 넘쳐난다. 하지만 그 이상으로, 묘한 편안함과 여유도 같이 느껴진다. 저만큼 숫자의 자기 공양 열사들이 진작에 있었기에 혁명이 성공을 기할 수 있었던 것이고, 그들의 의로운 넋이 오늘의 우리를 영구히 지켜주며 이 나라를 반석에도 올려놓아 줄 것이라는 믿음이 공원 구석구석에서 읽히는 듯했다. 그것을 광저우 사람들이 특별하게 갖는 자부심이라고 본다면, 혼자만의 느낌이고 너무 과장된 표현일까?

맺는 이야기

1. 긴 여정을 끝내고 귀국길

12월 4일 오전의 72열사 묘원 탐방을 끝으로 우리의 '아리랑 로드' 답사는 현지 일정이 마무리되었다. 그날 점심은 박국장의 안내로 어느 이면도로의 한국식당으로 가서 서울 종로구 어드메쯤의 분위기와 실비로 아주 맛있게 먹었다.

바이윈 국제공항에는 여유 있게 도착해, 별로 시간 안 들이고 출국수속을 수월하게 마쳤다. 공항 내부를 이리저리 돌아다녀보니, 규모가 상당히 크고 내부 시설도 있을 건 다 있게끔 갖추어놓고 잘 관리되고 있음을 알 수 있었다. 전에 다녀본 중국 다른 도시들의 공항보다 훨씬 낫다는 생각도 들었다.

출국장 입구에서 문회장·박국장과 큰 포옹으로 작별했다. 박국장 애마의 이번 주행거리가 총 1,972km였다고 한다. 결코 짧지 않은 노정이었다. 상태가 험한 길을 만나도 돌아가지 않고 헤치며 뚫고 다녔다. 고속도로를 달릴 때는 쫓기는 일정으로 과속을 하던 게 한두 번이 아니다. 운전 중의 졸음을 참고 쫓아내는 것도 박국장의 특단의 의지와 특별한 기술로 가능했다. 턱이 얼얼할 만큼 계속해서 껌을 씹고, 혼자서 큰 소리로 국적 불명, 가사 임의의 노래를 메들리로 불러제끼는 것, 그러다 레

퍼토리가 다 되면 심야의 공동묘지에서 귀신과 맞붙어 싸우던 옛날 무용담을 신나게 늘어놓는 것. 황당하지만 너무 재미있어서 우린 또 모두 경청하며 박장대소하질 않았던가. 아무 사고 없이 일정을 다 끝낼 수 있었던 데는 그의 공이 가장 크다. 참으로 감사하는 마음이고, 매우 즐겁고 행복한 답사여행의 추억이 만들어진 데도 그의 기여가 크다.

바이원공항에서 작별하는 박호균 국장과 저자

비행기 좌석에서 그런 생각 저런 생각으로 체공시간을 보내다 보니 어느새 인천공항에 도착했단다. 그리고 무사히 착륙했다. 마지막으로 방실장과 헤어지고 나는 대구로 잘 돌아왔다. 김산이 홍콩 거쳐 상하이로 간 것처럼.

2. 격정과 비애, 혹은 운명과 형식

돌이켜보면 광저우봉기는 중국현대사만 아니라 한국근대사와 한중

관계사에서도 각별한 의미를 띠는 사건이었다. 중공당의 공식역사에서는 광저우봉기가 취추바이의 '좌경맹동주의' 시기에 전개된 실패한 혁명운동이었다거나, 소련공산당(실은 스탈린)의 월권행위와 코민테른(제1서기 N. 부하린)의 오도된 정책으로 중국혁명에서 큰 과오가 범해졌다는 주장이 제기된 바 있다. 광저우봉기의 실패와 그것이 낳은 참혹한 결과에 대해 트로츠키도 '피어린 패배'를 얘기했다. 스탈린은 결이 약간 다르게 '영웅적 후퇴'였다고 평했다. 비슷한 얘기 같아 보이면서도 차이가 있다. 전자가 사실 그대로의 인식으로 나아가려 했다면, 후자는 '영웅'을 내세우는 식으로 자신의 과오와 책임을 가리고 얼버무리려 했다.

우리가 둘러본 광저우기의 기념관이나 열사능원, 하이펑과 고담진의 혁명투쟁사기념관 같은 데서는 이와 상당히 다른 분위기를 접할 수 있었다. 높이 평가하고 최대의 경의로 추도·숭모하려는 것이다. 그게 역력히 느껴졌다. 이것은 중공당 중앙과 지방 간의 시각차, 그러니까 다소 획일적이고 자기합리화의 과거사 인식을 내세우는 베이징의 당 중앙과 사실기억에 발 딛고 서서 지역의 정체성과 자부심을 소중히 여기려는 광둥성 현지인들의 입장 차를 극명하게 보여주는 것일 수 있다. 그처럼 역사란 하나가 아니고 여러 겹의 것이며 언제나 그럴 수밖에 없음도 다시금 실감케 된다.

하이루펑 소비에트가 1928년 들어 결국 무너지고 만 데 대해 국민당군의 압도적 무력과 잔혹한 진압방책만 아니라 소비에트 측의 지나치게 급진적인 계급투쟁 정책이 한 원인이 되었다는 견해도 있다. 대지주만 아니라 중소지주, 심지어 자작농의 토지까지도 면적만 따져서 몰수하는 일이 비일비재했기 때문이라는 것이다. 그것으로 빈농의 절대적 지지는 얻었겠지만 다른 계층, 다른 지역으로부터의 고립을 초래했다고 한다.

이 견해대로라면, 반제 민족혁명이면서 반봉건 민주주의 혁명의 성격도 같이 띠었을 국민혁명을 사회주의혁명으로 너무 빨리 전화시키려던 조급함이 광저우봉기의 실패를 낳았다고 말할 수 있다. 반면에 그 후의 마오쩌둥과 그의 막료들은 농촌근거지 확보와 지속적인 농민운동에 중점을 두면서도 반제 항일투쟁과 신민주주의 혁명의 성격도 중국혁명에 투삽시켜 길게 끌어가면서 "농촌으로 도시를 포위한다"는 전략을 구사했고, 결국은 그에 힘입어 국민당 정권과 군대를 물리치고 신중국 건설에 성공한 것이라고 볼 수 있다.

중국혁명의 대의를 중시하면서 장기사적 관점도 취해보려는 이라면, 일찍이 1850년에 칼 마르크스가 프랑스 2월혁명의 경과와 결과를 다각도로 분석하고 평가했을 때 내놓았던 유명한 말을 끌어오고 조금 바꾸어, 다음과 같이 평설해 볼 수 있을지 모른다.

1927년에서 1928년까지의 혁명 연대기의 중요 부분들은 확실히 '패배!'로 압축될 수 있을 것이다. 하지만 정작 이 패배에 굴복한 것은 혁명이 아니었다. 굴복한 것은 첨예한 계급적 대립에까지는 아직 이르지 않은 제반 사회적 관계의 결과, 즉 혁명 이전의 오래 묵은 유제들이었다. 그것은 인물, 환상, 관념, 계획 따위들인데, 그때는 중국공산당도 그것에서 벗어나질 못했다. 그러므로 중공당은 광저우꼬뮨과 동강소비에트의 승리에 의해서가 아니라 일련의 패배를 통해서만 마침내 온전히 해방될 수 있었다. 바꿔 말하면, 혁명적 진보는 봉기의 직접적 성공을 통해서가 아니라 강고한 반혁명에 의해 이루어진 것이며, 그 반혁명과 대적함으로써 공산당은 처음으로 실질적인 혁명적 정당으로

성숙할 수 있었다.

또한 마르크스는 1870년 가을에 프랑스 군대가 보불전쟁에서 패배하고 프로이센 황제에게 항복함을 기화로 프랑스 노동자들이 무장봉기를 벌인다면 '너무도 바보짓'이 될 거라며 미리 비판했었다. 이듬해 프루동주의자와 블랑키스트들의 주도로 시민봉기가 발발해 파리꼬뮨이 성립했을 때도 '무모하게 용감한' 행동이라고 비판했었다. 그러나 꼬뮨의 경과를 면밀히 주시하고 나서는 그가 꼬뮨 참가자들이 보여준 일련의 행동과 희생을 '역사적 선도(先導)'를 해낸 '영웅'의 모습으로 평가하며 극찬했다. 광저우꼬뮨과 동강소비에트에 대해서도 같은 식의 말을 할 수 있을 것이다.

그러면 우리로서는, 한국인의 입장에서는 어떻게 보고 말할 수 있을까? 한인 운동자들이, 적어도 그 좌파 역량이, 중국의 국민혁명운동에 적극 참가하면서 품었던 소망―군벌정권을 타도하고 나면 중국 혁명 세력의 지원 아래 만주에서 대일 무장투쟁을 전개할 수 있을 것이라거나, 중국혁명 정세의 발전선 상에서 한국독립을 도모한다는 것―이 당장은 꿈으로 끝나고 말았음을 부인할 수 없다. 중국혁명의 성공이 한국독립으로 이어지리라던 기대가, 중국혁명에의 헌신을 독립운동 진전과 일제 타도의 밑거름으로 삼아서 조국의 식민지 상태를 조기에 끝내버릴 것이라던 포부와 결의가 수포로 돌아가고 만 것이다.

독립운동 전선의 우파('민족주의자들')는 애초부터 중국 혁명운동에 뛰어들기를 원하지 않았다고 김산은 술회했다. 그들은 "왜 우리의 피가 중국 땅에서 낭비되어야 하는가? 조선으로 돌아가 우리의 피로 조국 땅을 붉게 만들어야지."라고 말하곤 했다 한다. 중국혁명이 거대한 반동의 파고를 맞고 광저우봉기도 실패로 끝나버린 마당에는 그 말이 맞는 것처럼 되었고, 좌파 진영은 할 말이 없게 되어버렸다. 북벌 전장(戰場)에서와 광저우봉기의 현장에서 한인 운동역량의 핵심적 부분이 거의 소진되고 말았음을 설명해낼 길이 없었다.

어느 모로 그들 대부분은 광저우봉기에 처음부터 자원하여 참가했기보다 어쩌다 그 대열에 같이 서게 된 바도 있었다. 그와 더불어 냉정한 현실주의보다 혁명적 낭만주의가 그때의 한인 청년지사 대부분의 의식을 점하고도 있었다. 김산이 "1928년 이후 나의 낭만적 시대는 끝이 났다."고 말했음을 거꾸로 돌려보면 그렇다는 것이다.

하지만 그들이 중공당 노선에 무조건 동조했다고는 말할 수 없다. 처음부터 '국제주의의 이름으로 중국을 위해 죽으려고' 마음먹은 사람은 그리 많지 않았다. 세상을 바꾸려는 혁명운동의 열기에 감응하고 그 부름에 끌려서 광저우로 모여들었을 뿐이다. 그런데 중국 내 정치정세의 급변에 따라 제반 상황이 급박해져 갔다. 폭풍 앞의 같은 배에 타고 있는 승객들의 처지처럼 일종의 집단구조적 압력과 정황 분위기도 무시 못 할 바였다. 생명 박탈이라는 가혹한 제재를 아무렇지도 않게 자행하는 국민당 사람들—장파였든 왕파였든 간에—에 대한 배신감과 분노가 그들의 적대 행위의 동기가 되는 경우도 적지 않았다. 그렇더라도 그들 중의 대다수가 한바탕 유혈극의 국공대결 현장에서 거의 무의미한 희생을 치르게 되고 말았음은 엄연한 사실이었다.

광저우봉기 참가의 그와 같은 귀결에 대해 김산이 10년 후에 회한이 짙게 섞인 비탄조의 술회를 님 웨일즈 앞에서 한 것은 상당 정도 그런 연관에서였다. 그의 말을 그대로 옮겨보면 다음과 같았다.

우리들 수백 명은 기꺼이 광둥으로 갔다. 그 결과, 한국 혁명운동 지도부의 정수가 그곳에서 전멸당하고 말았다. 그리고 우리는 패배해 버렸다… 1927년의 중국반동이라는 대비극은 한국 민족운동에 있어서 결코 회복할 수 없을 정도의 대타격이었다.

그렇게 되기를 결코 원하지 않았음에도 한인들이 '강물 속의 소금' 처럼 마냥 집어넣어졌고 녹아 없어져 갔다는 것이다. 중국혁명이라는 무대 위에서 국민당 장파 또는 왕파와 중공당 같은 주역이던 것이 아니라 아웃사이드의 조연일 수밖에 없었음이 필연적으로 낳은 결과일 수도 있었다. 그렇다고 결과를 미리 내다보고 진로를 바꾸거나 조정할 여유가, 다른 유의 정치적 선택을 해 낼 여지도 그때는 없었다. 혁명의 꿈을 때 이르게 이루려다 너무 급하게 터져나온 격정이 결국은 자기를 태워버린 형국이었다. 김산과 몇몇 동지만이 엄청난 고난을 겪고도 살아남았다. 그 슬픔과 자탄으로부터 헤어 나오기는 참으로 어려웠다.

이제 맺어보자. 1927년 12월부터 이듬해 8월까지 김산이 펑파이·예용 등의 중공당 동지들과 함께 벌여간 일련의 혁명투쟁은 당시의 주체적 역량과 객관적 여건에 비추어 봤을 때 패배할 수밖에 없는 것이었다. 패배했으나 종국에는 승리의 월계관을 쓰고 말리라는 믿음과 기약으로 살아남은 자들은 버티며 계속 싸워가야 했다. 광저우봉기와 하이루펑 소비에트, 그리고 동강지구 무장투쟁은 그 운명이 불가불 취해간 자기전개의 엄중한 형식이었다. 『아리랑』의 진솔한 기록은 그로부터 빚어진 슬픈 희생들과 피할 수 없는 독배와도 같았던 운명의 회로를 거의 유일하게 그리고 오래도록 증언해주었음과 같다. 그러기에 소중하고도 참으로 소중한 기록인 것이다.

참고문헌

자료

Kim San and Nym Wales, *Song of Ariran: The Life Story of a Korean Rebel*, New York, The John Day Company, 1941.

김산 (신재돈 역), 「아리랑―조선인 반항자의 일대기」, 『新天地』 1946.10~1948.1.

님 웨일즈 (조우화 옮김), 『아리랑』, 동녘, 1984.

ニム·ウェイルズ(安藤次郎 譯), 『アリランの歌――朝鮮人革命家の生涯』, みすず書房, 1978(초판 1965).

연변역사연구소 번역, 『백의동포의 영상』, 심양: 료녕민족출판사, 1986.

Nym Wales and Kim San, *Song of Ariran: A Korean Communist in the Chinese Revolution*, San Francisco: Ramparts Press, 1973.

尼姆·威尒士(海倫·斯諾)·金山 (趙仲强 譯), 『阿里郎之歌―中國革命中的一个朝鮮共産党人』, 新華出版社, 1993.

김산·님 웨일즈 (조우화 옮김), 『아리랑』(개정 2판), 동녘, 1994.

님 웨일즈·김산 (송영인 옮김), 『아리랑』, 동녘, 2006.

Nym Wales, *Notes on Korea and the Life of Kim San*, Madison: Connecticut, 1961(Mimeograph).

님 웨일즈 (편집실 역), 『아리랑 2』, 학민사, 1986.

李恢成·水野直樹 編, 『『アリランの歌』覺書―きム·サンとニムウェールズ』, 岩波書店, 2014(초판 1991).

이회성·미즈노 나오키 엮음 (윤해동 외 옮김), 『아리랑 그 후―김산과 님 웨일즈』, 동녘, 1993.

『東亞日報』 1924.7.7, 1927.12.14.~12.30.

『百度百科』, 『百度地圖』, 『維基百科』.

유자명, 『한 혁명자의 회억록』, 독립기념관 한국독립운동사연구소, 1999.

廣東革命歷史博物館 編, 『黃埔軍校史料(1924~1927)』, 廣東人民出版社, 1982.

廣東革命歷史博物館 編,『黃埔軍校圖誌』,廣東人民出版社, 2010.
楊昭全 等 編,『關內地區朝鮮人反日獨立運動資料彙編』(上)·(下), 瀋陽: 遼寧民族
　　　　出版社, 1987.
中國人民政治協商會議 廣東省廣州市委員會 文史資料研究委員會 編,『廣州百年大
　　　　事記』(下), 廣東省 新華書店, 1984.
日本外務省,『不逞團關係雜件: 朝鮮人ノ部—別冊 義烈團行動, 附 金元鳳』, 1924.

「서응호 신문조서」, 국사편찬위원회,『한민족독립운동사자료집』30, 1997.
이회성·님 웨일즈 대담,「중국혁명과 김산의 생애」,『사회와 사상』1988년 9월호.
滬上居人,「1927年 廣東大事變 中國革命亂 參戰回想記」,『別乾坤』33, 1930.
「杜君慧 自傳提綱」, 1963(프린트본).
「中山大學 同姓學生名冊: 15年度」, 1926.
「中山大學 學生名冊: 1927年」.
朝鮮總督府 警務局,「上海·南京·廣東地方 不逞鮮人の近狀」, 1926.3.

논저 · 평전 · 보고서 · 논문

강정애,『황푸군관학교의 한인: 학생·교관편』, 소명출판, 2024.
김양·복찬웅·김우안,『광주봉기와 조선용사들』, 목단강: 흑룡강조선민족출판
　　　　사, 1988.
김영범,『한국 근대민족운동과 의열단』, 창작과비평사, 1997.
김영범,『독립운동의 역사사회학』, 선인, 2025.
김윤식,『운명과 형식』, 솔, 1992.
나창주,『새로 쓰는 중국혁명사 1911-1949: 국민혁명에서 모택동혁명까지』, 들
　　　　녘, 2019.
민두기 편,『중국국민혁명 지도자의 사상과 행동』, 지식산업사, 1988.
블라디미르 일리히 레닌 (문성원·안규남 공역),『국가와 혁명』, 돌베개, 1992.
신용하,『한국문화의 설날·두레공동체·농악·아리랑』, 경인문화사, 2021.
이원규,『김산 평전』, 실천문학사, 2006.
李顯國,『중국문화행정지리 (광동성)』, 황매희, 2019.
중국사연구회,『중국혁명의 전개과정』, 거름, 1985.

리핑[力平] (허유영 옮김), 『저우언라이 평전』, 한얼미디어, 2005.
린시엔즈[林賢治] (김진공 옮김), 『인간 루쉰』, 사회평론, 2007.
바르바라 바르누앙·위창건 (유상철 옮김), 『저우언라이 평전』, 베리타스북스, 2007.
배경한, 『왕징웨이 연구: 현대 중국 민족주의의 굴절』, 일조각, 2012.
에드거 스노 (신홍범 옮김), 『중국의 붉은 별』, 두레, 1995.
王錫榮·羅希賢 (이보경 옮김), 『루쉰 그림전기』, 그린비, 2014.
윌리엄 J. 듀이커 (정영목 옮김), 『호치민 평전』, 푸른숲, 2018.
이시카와 요시히로 (손승회 옮김), 『중국근현대사 3: 혁명과 내셔널리즘, 1925-1945』, 삼천리, 2018.
池田誠 (한선모 역), 『중국현대혁명사』, 청사, 1985.
칼 마르크스 (허교진 역), 『프랑스혁명사 3부작』, 이론과실천, 1987.
T. 뢰트바이트 (박상수 옮김), 『중국 소비에트 운동사』, 고려원, 1994.
太田勝洪·原田大三郎 편저 (편집부 역), 『胡志明』, 성원, 1986.
토마스 쿠오 (권영빈 옮김), 『陳獨秀 평전』, 민음사, 1985.
向靑 (임상범 역), 『코민테른과 중국혁명 관계사』, 고려원, 1992.
姜德相, 『呂運亨評伝 3: 中国国民革命の友として』, 新幹社, 2018.

김영범, 「1920년대 중반 민족혁명운동의 한-중 연대와 의열단」, 『한국학보』 21, 1995.
김영범, 「오늘 이 땅에 되살아오는 김산」, 『황해문화』 54, 2007.
김해규, 「'아리랑 로드'에 선 사람들―중국 광동지부를 가다」, 『민족사랑』 2020년 1월호.
미즈노 나오키(水野直樹), 「『아리랑의 노래』 연구를 되돌아보다」, 『한국학연구』 (인하대) 76, 2025.
배경한, 「장개석과 4·12 정변」, 『동양사학연구』, 38, 1992.
서동연, 「국민당 개조 시기의 보로딘(Mikhail M. Borodin) 연구」, 『사총』 57, 2003.
신일섭, 「진독수의 트로츠키파 활동에 대하여」, 『호남대학교 논문집』, 18, 1997.
윤상원, 「연해주 한인 디아스포라의 독립운동」, 『한국독립운동사연구』 90, 2025.

윤세병, 「혁명을 꿈꾸던 이들이 찾던 곳, 광저우를 가다」, 『프레시안』 2025.2.22.
장세윤, 「중국공산당의 廣州 봉기와 한인 청년들의 활동」, 『사림』 24, 2005.
정재현, 「1920~30년대 베트남 공산주의 운동의 성장과 프랑스공산당」, 『역사비평』 151, 2025.
조은경, 「중국 廣州지역 한인 독립운동 연구 (1910~1948)」, 서울시립대 박사학위논문, 2019.
주동욱, 「김산의 〈아리랑 로드〉를 찾아서 (2)」, 『민족사랑』 2020년 3월호.
최봉춘, 「중산대학과 1920년대 조선인의 혁명운동」, 『사학연구』 48, 1994.
최용수, 「김산(장지락) 연보」, 『황해문화』 49, 2005.
한홍구, 「(소설) 김산, 못 다 부른 아리랑」, 『황해문화』 39, 2003.
吕珠满, 「海陸豊紅色故事 (57): 紅四師 師長―葉鏞」, 《汕尾日報》 2021.5.16.
林煜琮, 「海陸豊紅色故事 (86): 血淚觀音山」, 《汕尾日報》 2021.6.14.
郑春河, 「海陸豊紅色故事 (90): 紅二師戰鬪在芹菜洋」, 《汕尾日報》 2021.6.18.
阿南友亮, 「広東における中国共産党の武装闘争と動員」, 『法学研究』 82-5, 慶應義塾大学 法学研究會, 2009.
重森宣雄, 「広東コンミューンについての一考察」, 『同志社法学』 117, 同志社大学 法学部, 1970.
Chalmers Johnson, "Review of *My Yenan Notebooks*," *China Quarterly*, Vol. 22, 1965.

찾아보기

인명

※ 한국인의 이름은 한글로만, 중국인과 일본인은 한글과 한자를 병기해 적고, 기타 외국인 이름에 알파벳 글자의 병기 여부는 본문에 나온 대로에 따름.

ㄱ

가네코 후미코(金子文子) 229
갈렌(바실리 블류헤르) 69, 70
강세우 50, 51, 55
강정애 209
강파 58
강평국 63
고영광 18
구다이쿤(古大存) 187
권준 44, 58, 101
김구 43
김근제 209, 210
김병현 91
김빈현 91
김상윤 43
김성숙 19, 20, 43, 48, 50~53, 63, 64, 71, 80, 87, 94, 95, 97, 98, 101, 105, 165, 196, 214
김약산 52, 207
김원봉 9, 14, 16, 42, 43, 48, 52, 53, 55~57, 63, 70, 100~102, 123, 206, 207
김유 7, 14
김은혁 80
김준섭 58
김홍 164

김홍일 87
김훈 39, 205

ㄴ

나운규 25
녜룽전(聶榮臻) 86, 96, 219
님 웨일즈(Nym Wales) 3, 18~21, 23, 26, 27, 51, 165, 214, 239, 241, 242

ㄷ

덩비우(董必武) 224
덩샤오핑(鄧小平) 224
덩옌다(鄧演達) 56
덩중샤(鄧中夏) 37
덩파(鄧發) 90
돤치루이(段祺瑞) 43, 212
두수이훙(杜穗紅) 204
두쥔후이(杜君慧) 97, 98, 196
둥랑(董朗) 145
딩링(丁玲) 214

ㄹ

랴오중카이(廖仲愷) 37, 44, 49
량빙슈(梁秉樞) 86
량치차오(梁啓超) 29

레닌 142
로이(M. N. Roy) 202
루쉰(魯迅) 10, 211, 212, 214, 216~218, 228
뤄류메이(羅劉梅) 63
뤄샤오메이(羅曉梅) 158
류보청(劉伯承) 72
류진한(劉錦漢) 165
리다자오(李大釗) 20, 215
리리싼(李立三) 67
리영희 23, 27
리웨이한(李維漢) 67
리윈펑(李云鵬) 86
리정문 100
리지선(李濟深) 37, 56, 63, 72, 79, 81, 86, 93, 98, 123, 176, 198
리푸린(李福林) 37, 79, 81, 91, 92, 94~98, 197
리한리우(李漢流) 170
리한혼(李漢魂) 79
린쩌쉬(林則徐) 29

ㅁ

마르크스 140~142, 237, 238, 243
마스다이라 이오코 21
마오쩌둥(毛澤東) 72, 77, 80, 125, 153, 215, 237
무정(武丁·武亭) 164
미하일 보로딘(M. M. Borodin) 52
민승재 91

ㅂ

바이씬(白鑫) 197
바이유찬(白玉蟾) 155
바이충시(白崇禧) 63, 98
박건웅 64, 87
박근만 64, 65, 98, 196
박근성 64, 65
박근수 64, 65, 98
박열 229
박영 58, 64, 65, 71, 87, 91, 93, 98
박호균 7, 14, 115, 235
박효삼 63
방학진 7, 14, 113
변장성 44
부하린 236
비사리온 로미나제(B. Lominadse) 68

ㅅ

샤도우인(夏斗寅) 123
서의준 50
성준용 70
손두환 53
송영인 23
수광잉(徐光英) 86, 97, 98
쉐웨(薛岳) 94~96
쉬광잉 219
쉬광핑(許廣平) 212, 214, 217
쉬샹첸(徐向前) 90, 125, 132, 163, 177, 185, 191
쉬충즈(許崇智) 38
스춘퉁(施存統) 20
스탈린(J. V. Stalin) 65~67, 69, 71, 78, 106, 228, 236
신광용 7, 14
신규식 17
신용하 24, 25
신재돈 22

쑤자오정(蘇兆徵) 37, 89
쑨원(孫文) 16, 29, 37, 38, 42, 51, 66, 75, 81, 169, 198, 205, 212, 213, 215, 231, 232
쑨촨팡(孫傳芳) 57, 58
쑹샹타오(宋湘濤) 123
쑹칭링(宋慶齡) 81

ㅇ

아리프 덜릭(Arif Dirlick) 21
안도 지로(安藤次郎) 21, 64, 99
안동만 101
안재환 99~101
안지청 99
안태 209
양녕 39, 44, 205
양달부 80, 86, 87, 90~93, 97, 98
양림 39, 205
양명 19
양인(楊殷) 86
얼 브라우더 54
에드거 스노(Edger Snow) 27, 69
엥겔스 142
여운형 44, 48, 63
예샤오훙(葉小紅) 166, 170
예융(葉鏞) 86~88, 98, 123~125, 163, 164, 176, 178, 184, 185, 240
예젠잉(葉劍英) 68, 70, 86, 92, 123, 219, 224~227
예팅(葉挺) 40, 69, 70, 72, 80, 86, 87, 93, 96, 97, 145, 146, 219
옌시산(閻錫山) 205
오성륜 17, 19, 52~54, 86, 87, 91, 97, 98, 164, 165, 178, 180, 183, 184, 194, 196
왕징웨이(汪精衛) 55, 62, 66, 67, 70, 71, 81
우페이푸(吳佩孚) 38, 57
웬티안샹(文天祥) 171, 179
위안궈핑(袁國平) 190
위안스카이(袁世凱) 42
위안유(袁裕) 123, 163
위한머우(余漢謀) 176, 177
윈다이잉(惲代英) 69, 86, 97, 219
유자명 43, 54, 63
이검운 58, 101
이동화 58
이동휘 52
이빈 80, 87, 95, 96
이영준 50, 51, 63
이용 53, 57, 58, 64, 71, 80, 87, 88, 93
이원규 126
이정규 101
이정호 17
이준 57
이철호 58
이화림 17

ㅈ

자크 도리오 54
장건상 19
장궈타오(張國燾) 67, 71, 80
장두인 7, 218
장북성 18, 165, 166
장제스(蔣介石) 37~39, 43, 49, 53, 54, 56, 58, 62, 63, 65~69, 71, 79, 197, 198, 203, 206, 208, 214

장지락 4, 18, 51, 53, 63, 112
장타이레이(張太雷) 67, 71, 72, 78, 80, 86, 89, 95, 96
장파쿠이(張發奎) 56, 68~70, 78, 79, 81, 86, 87, 91, 93, 95, 98, 197
저우스디(周士第) 70
저우언라이(周恩來) 39, 67, 69, 72, 153, 168, 197, 224, 226
저우원영(周文雍) 86, 88, 90, 229, 230
저우펑(周鳳) 152~154
정운영 15
정유린 50, 54
정지윈(鄭志雲) 165, 184
조지 토튼(George O. Totten) 20, 21, 23
주더(朱德) 72, 224, 225
지노비에프(G. Y. Zinovyev) 65, 69
진광화 17

ㅊ

차이덩후이(蔡騰輝) 176, 178
차이딩카이(蔡廷鍇) 70
천궁보(陳公博) 79, 87, 91, 95
천두슈(陳獨秀) 66~69, 71, 196
천리푸(陳立夫) 43
천밍수(陳銘樞) 79, 81, 98, 197, 198
천이(陳毅) 72
천중밍(陳炯明) 38, 39, 73, 75, 77, 81, 152, 168, 169, 172, 176, 192, 208
천지탕(陳濟棠) 79, 81, 176, 197, 198
천치메이(陳其美) 42
천궈푸(陳果夫) 42, 43
청첸(程潛) 57
쳰티에쥔(陳鐵軍) 229, 230

최용건 87, 92, 97, 226~228
최원 50, 63
취추바이(瞿秋白) 20, 71, 196, 197, 236

ㅋ

카라한(L. Karahan) 66
캉유웨이(康有爲) 29

ㅌ

탄옌카이(譚延闓) 58
탄핑산(譚平山) 44, 55, 76, 80, 215
탕성즈(唐生智) 57, 68
토마스 만 54
톨스토이 164
트로츠키(Leon Trotsky) 65, 236

ㅍ

판다웨이(潘達微) 231
팜홍타이(范鴻泰) 55, 233
펑슈(彭述) 152, 177
펑신(彭辛) 73, 152
펑파이(彭湃) 69, 72~77, 124, 143, 144, 152, 154, 156, 160, 161, 164, 165, 168, 169, 177, 183, 184, 187, 189~191, 194, 195, 197, 240
펑한위안(彭漢垣) 152
폴 메흐랭(Paul Merlin) 55

ㅎ

하인츠 노이만(H. Neumann) 68, 93
한홍구 15
허룽(賀龍) 69, 70, 72, 100, 101, 145
허샹닝(何香凝) 49

헬렌 포스터 스노(Helen Foster Snow)
21, 26
현정건 44
호치민(胡志明) 48, 54~56, 105
홍슈취안(洪秀全) 29, 120

황동연 21
황샤오훙(黃紹竑) 79, 81, 197
황싱(黃興) 231
황지샹(黃祺翔) 79, 81, 91, 95, 98

사항

4·12 정변 51, 62, 64, 101, 205
4·12 쿠데타 65, 214
5·30운동 36, 40
5·4운동 165, 170
CC단 43

ㄱ

고담 혁명역사진열관 142
고려혁명의용군 53, 57
공농홍군 제2사 77
공농홍군 제4사 100, 121, 122
광동혁명역사박물관 48
광동전성농민협회 76
「광복군 아리랑」 25
국민당 전국대표대회 44, 48, 75, 215
국민혁명운동 4, 16, 29, 36, 41, 62, 65, 75, 216, 238
금강산 18, 27

ㄴ

난징정부 63, 71, 81
난창봉기 69~71, 77, 80, 81, 101, 145, 192, 221
남구대교 137

농민운동강습소 76

ㄷ

대남산 홍장공원 187
「독립군 아리랑」 25
『독립신문』 19
동강지구 31, 39, 144, 145, 147, 157, 178, 208, 210, 220, 221, 233, 240
동강특위 77, 146, 148, 165, 166, 179, 180, 183, 187, 189, 190
동방노력자공산대학 55, 81
동방피압박민족연합회 55, 99
동정열사묘원 207

ㅁ

만록호 134, 136
모스크바공산대학 40, 53
민단 76, 92, 97, 124, 125, 127, 176, 183
민족문제연구소 7, 13~15, 204
민족혁명운동 4, 41, 52, 104

ㅂ

「배트맨」 142

찾아보기　　249

백경루 148
베트남혁명청년동지회 55
봉오동전투 57, 64
북로군정서 205

ㅅ

사기참안 37
사표영 71, 86
사하병영 49, 63, 93
사할린의용대 57
서산회의 38, 71
성항파공 37, 49
신해혁명 16, 29, 38, 66, 74, 172, 219, 232
신흥무관학교 19, 205
심천요새 63

ㅇ

어주포대 63, 90, 92
연소용공 66
우푸링 171, 179
우한군사정치학교 65, 71, 99
우한정부 59, 62~68, 71
유악한국혁명청년회 65
유월한국혁명동지회 53
유월한국혁명청년연맹 52
의열단 4, 15, 16, 19, 42~44, 49, 50, 54, 55, 63, 65
의열단 전국대표대회 49, 50
이르쿠츠크파 고려공산당 19
인성학교 19

ㅈ

자유시사변 57

적기단 52, 53
제4군 (군관)교도단 68, 70, 80, 86
제4군 독립단 57, 58
중공당 동강특위 77, 146, 166
중국공산당 전국대표대회 29, 64, 196
중국본부한인청년동맹 54
중산대학 17, 49, 51~53, 55, 63, 65, 97, 100, 196, 211, 212, 214, 215
중산함사건 62, 66
중소인민혈의정 224, 225, 228
(중국)중앙군사정치학교 49, 50, 63, 65
중조인민혈의정 224, 225, 228
중화전국농민협회 77

ㅊ

창일당 19
청산리전투 205

ㅋ

코민테른 54, 55, 66~69, 78, 104, 106, 236

ㅍ

파리꼬뮨 238

ㅎ

『하이루펑 농민운동』 73
하이루펑 소비에트 73, 124, 133, 162, 165, 176, 236, 240
한국혁명당 99
해성진 제2소학교 166
『혁명』 20
혁명역사기념관 186

혁명열사 기념비 138
혁명열사 추모비 127
혁명투쟁사기념관 158, 167, 236
혈제헌원정 224, 225, 228
협화의학원 19, 51
혜주회관 38, 49, 55
홍2사 138, 146, 148, 156, 157, 159, 160, 162, 177~180, 183, 185, 210
홍4사 121, 122, 124, 125, 127, 129, 131, 133, 135, 137~139, 144, 146, 156, 157, 160~164, 176~178, 180, 185, 191
홍4사 성립대회 유지 121, 125
홍군교 129
홍군의원 187
홍군정 132, 148
홍궁·홍장 구지 158
화성소학 121
황포군관학교(황포군교) 17, 37~40, 43, 44, 48~53, 57, 58, 63, 64, 68, 87, 88, 90, 92, 94, 100, 123, 125, 146, 164, 202, 203, 205, 206, 208
황포군교 특무영 87, 90, 92, 94, 100
흥사단 19

김산 따라 아리랑 로드로
— 혁명과 반혁명의 광둥 3년을 찾아서

Retrieving Kim San's Arirang Road in Guangdong

1판 1쇄 발행 2025년 11월 10일

지은이 김영범

펴낸곳 민연주식회사
펴낸이 방학진
편 집   손기순 유연영
등 록   제2018-000004호
주 소   서울시 용산구 청파로47다길 27(청파동2가 서현빌딩)
전 화   02-969-0226
팩 스   02-965-8879
홈페이지 www.historybank.kr
인 쇄   신우디앤피

정 가   18,000원

ISBN   978-89-93741-47-6

이 책은 저작권법에 의해 보호받는 저작물이므로 무단 전재와 복제를 금합니다.
잘못된 책은 바꿔 드립니다.